Travel phrasebooks collection
«Everything Will Be Okay!»

T&P Books Publishing

PHRASEBOOK

– GEORGIAN –

By Andrey Taranov

THE MOST IMPORTANT PHRASES

This phrasebook contains
the most important
phrases and questions
for basic communication
Everything you need
to survive overseas

T&P BOOKS

Phrasebook + 3000-word dictionary

English-Georgian phrasebook & topical vocabulary

By Andrey Taranov

The collection of "Everything Will Be Okay" travel phrasebooks published by T&P Books is designed for people traveling abroad for tourism and business. The phrasebooks contain what matters most - the essentials for basic communication. This is an indispensable set of phrases to "survive" while abroad.

This book also includes a small topical vocabulary that contains roughly 3,000 of the most frequently used words. Another section of the phrasebook provides a gastronomical dictionary that may help you order food at a restaurant or buy groceries at the store.

Copyright © 2021 T&P Books Publishing

All rights reserved. No part of this book may be reproduced or utilized in any form or by any means, electronic or mechanical, including photocopying, recording or by information storage and retrieval system, without permission in writing from the publishers.

T&P Books Publishing
www.tpbooks.com

ISBN: 978-1-80001-572-2

This book is also available in E-book formats.
Please visit www.tpbooks.com or the major online bookstores.

FOREWORD

The collection of "Everything Will Be Okay" travel phrasebooks published by T&P Books is designed for people traveling abroad for tourism and business. The phrasebooks contain what matters most - the essentials for basic communication. This is an indispensable set of phrases to "survive" while abroad.

This phrasebook will help you in most cases where you need to ask something, get directions, find out how much something costs, etc. It can also resolve difficult communication situations where gestures just won't help.

This book contains a lot of phrases that have been grouped according to the most relevant topics. The edition also includes a small vocabulary that contains roughly 3,000 of the most frequently used words. Another section of the phrasebook provides a gastronomical dictionary that may help you order food at a restaurant or buy groceries at the store.

Take "Everything Will Be Okay" phrasebook with you on the road and you'll have an irreplaceable traveling companion who will help you find your way out of any situation and teach you to not fear speaking with foreigners.

TABLE OF CONTENTS

Pronunciation	5
List of abbreviations	6
English-Georgian phrasebook	7
Topical vocabulary	71
Gastronomic glossary	189

T&P Books Publishing

PRONUNCIATION

Letter	Georgian example	T&P phonetic alphabet	English example
ა	აკადემია	[ɑ]	shorter than in park, card
ბ	ბიოლოგია	[b]	baby, book
გ	გრამატიკა	[g]	game, gold
დ	შუალედი	[d]	day, doctor
ე	ბედნიერი	[ɛ]	man, bad
ვ	ვერცხლი	[v]	very, river
ზ	ზარი	[z]	zebra, please
თ	თანაკლასელი	[th]	don't have
ი	ივლისი	[i]	shorter than in feet
კ	კამა	[k]	clock, kiss
ლ	ლანგარი	[l]	lace, people
მ	მარჯვენა	[m]	magic, milk
ნ	ნაყინი	[n]	name, normal
ო	ოსტატობა	[ɔ]	bottle, doctor
პ	პასპორტი	[p]	pencil, private
ჟ	ჟიური	[ʒ]	forge, pleasure
რ	რეჟისორი	[r]	rice, radio
ს	სასმელი	[s]	city, boss
ტ	ტურისტი	[t]	tourist, trip
უ	ურდული	[u]	book
ფ	ფაიფური	[ph]	top hat
ქ	ქალაქი	[kh]	work hard
ღ	ღილაკი	[ɣ]	between [g] and [h]
ყ	ყინული	[q]	king, club
შ	შედეგი	[ʃ]	machine, shark
ჩ	ჩამჩა	[ʧh]	hitchhiker
ც	ცურვა	[tsh]	let's handle it
ძ	ძიძა	[ʤ]	beads, kids
წ	წამწამი	[ʦ]	cats, tsetse fly
ჭ	ჭანჭიკი	[ʧ]	church, French
ხ	ხარისხი	[ɦ]	humor
ჯ	ჯიბე	[ʤ]	joke, general
ჰ	ჰოკიჯოხა	[h]	home, have

LIST OF ABBREVIATIONS

English abbreviations

ab.	-	about
adj	-	adjective
adv	-	adverb
anim.	-	animate
as adj	-	attributive noun used as adjective
e.g.	-	for example
etc.	-	et cetera
fam.	-	familiar
fem.	-	feminine
form.	-	formal
inanim.	-	inanimate
masc.	-	masculine
math	-	mathematics
mil.	-	military
n	-	noun
pl	-	plural
pron.	-	pronoun
sb	-	somebody
sing.	-	singular
sth	-	something
v aux	-	auxiliary verb
vi	-	intransitive verb
vi, vt	-	intransitive, transitive verb
vt	-	transitive verb

T&P BOOKS

GEORGIAN PHRASEBOOK

This section contains important phrases that may come in handy in various real-life situations. The phrasebook will help you ask for directions, clarify a price, buy tickets, and order food at a restaurant

T&P Books Publishing

PHRASEBOOK CONTENTS

The bare minimum	10
Questions	13
Needs	14
Asking for directions	16
Signs	18
Transportation. General phrases	20
Buying tickets	22
Bus	24
Train	26
On the train. Dialogue (No ticket)	27
Taxi	28
Hotel	30
Restaurant	33
Shopping	35
In town	37
Money	39

Time	41
Greetings. Introductions	43
Farewells	45
Foreign language	47
Apologies	49
Agreement	50
Refusal. Expressing doubt	51
Expressing gratitude	53
Congratulations. Best wishes	54
Socializing	55
Sharing impressions. Emotions	58
Problems. Accidents	60
Health problems	63
At the pharmacy	66
The bare minimum	68

T&P Books Publishing

The bare minimum

Excuse me, ...	უკაცრავად, ... uk'atsravad, ...
Hello.	გამარჯობა. gamarjoba.
Thank you.	გმადლობთ. gmadlobt.
Good bye.	ნახვამდის. nakhvamdis.
Yes.	დიახ. diakh.
No.	არა. ara.
I don't know.	არ ვიცი. ar vitsi.
Where? | Where to? | When?	სად?| საით?| როდის? sad?| sait?| rodis?
I need ...	მე მჭირდება... me mch'irdeba...
I want ...	მე მინდა ... me minda ...
Do you have ...?	თქვენ გაქვთ ...? tkven gakvt ...?
Is there a ... here?	აქ არის ... ? ak aris ... ?
May I ...?	შემიძლია... ? shemidzlia... ?
..., please (polite request)	თუ შეიძლება tu sheidzleba
I'm looking for ...	მე ვეძებ ... me vedzeb ...
the restroom	ტუალეტს t'ualet's
an ATM	ბანკომატს bank'omat's
a pharmacy (drugstore)	აფთიაქს aptiaks
a hospital	საავადმყოფოს saavadmqopos
the police station	პოლიციის განყოფილებას p'olitsiis ganqopilebas
the subway	მეტროს met'ros

a taxi	ტაქსს t'akss
the train station	რკინიგზის სადგურს rk'inigzis sadgurs

My name is …	მე მქვია … me mkvia …
What's your name?	რა გქვიათ? ra gkviat?
Could you please help me?	დამეხმარეთ, თუ შეიძლება. damekhmaret, tu sheidzleba.
I've got a problem.	პრობლემა მაქვს. p'roblema makvs.
I don't feel well.	ცუდად ვარ. tsudad var.
Call an ambulance!	გამოიძახეთ სასწრაფო! gamoidzakhet sasts'rapo!
May I make a call?	შემიძლია დავრეკო? shemidzlia davrek'o?

I'm sorry.	ბოდიშს გიხდით bodishs gikhdit
You're welcome.	არაფერს arapers

I, me	მე me
you (inform.)	შენ shen
he	ის is
she	ის is
they (masc.)	ისინი isini
they (fem.)	ისინი isini
we	ჩვენ chven
you (pl)	თქვენ tkven
you (sg, form.)	თქვენ tkven

ENTRANCE	შესასვლელი shesasvleli
EXIT	გასასვლელი gasasvleli
OUT OF ORDER	არ მუშაობს ar mushaobs
CLOSED	დაკეტილია dak'et'ilia

OPEN	ღიაა ghiaa
FOR WOMEN	ქალებისთვის kalebistvis
FOR MEN	მამაკაცებისთვის mamak'atsebistvis

Questions

Where?	სად? sad?
Where to?	საით? sait?
Where from?	საიდან? saidan?
Why?	რატომ? rat'om?
For what reason?	რისთვის? ristvis?
When?	როდის? rodis?

How long?	რამდენ ხანს? ramden khans?
At what time?	რომელ საათზე? romel saatze?
How much?	რა ღირს? ra ghirs?
Do you have ...?	თქვენ გაქვთ ...? tkven gakvt ...?
Where is ...?	სად არის ...? sad aris ...?

What time is it?	რომელი საათია? romeli saatia?
May I make a call?	შემიძლია დავრეკო? shemidzlia davrek'o?
Who's there?	ვინ არის? vin aris?
Can I smoke here?	შემიძლია აქ მოვწიო? shemidzlia ak movts'io?
May I ...?	შემიძლია ...? shemidzlia ...?

Needs

I'd like ...	**მე მინდა ...** me minda ...
I don't want ...	**მე არ მინდა ...** me ar minda ...
I'm thirsty.	**მწყურია.** mts'quria.
I want to sleep.	**მეძინება.** medzineba.
I want ...	**მე მინდა ...** me minda ...
to wash up	**ხელ-პირის დაბანა** khel-p'iris dabana
to brush my teeth	**კბილების გაწმენდა** k'bilebis gats'menda
to rest a while	**ცოტა დასვენება** tsot'a dasveneba
to change my clothes	**ტანისამოსის გამოცვლა** t'anisamosis gamotsvla
to go back to the hotel	**დავბრუნდე სასტუმროში** davbrunde sast'umroshi
to buy ...	**ვიყიდო ...** viqido ...
to go to ...	**გავემგზავრო ...** gavemgzavro ...
to visit ...	**ვეწვიო ...** vets'vio ...
to meet with ...	**შევხვდე ...** shevkhvde ...
to make a call	**დავრეკო** davrek'o
I'm tired.	**მე დავიღალე.** me davighale.
We are tired.	**ჩვენ დავიღალეთ.** chven davighalet.
I'm cold.	**მე მცივა.** me mtsiva.
I'm hot.	**მე მცხელა.** me mtskhela.
I'm OK.	**მე ნორმალურად ვარ.** me normalurad var.

I need to make a call.	მე უნდა დავრეკო. me unda davrek'o.
I need to go to the restroom.	მე მინდა ტუალეტში. me minda t'ualet'shi.
I have to go.	წასვლის დროა. ts'asvlis droa.
I have to go now.	მე უნდა წავიდე. me unda ts'avide.

Asking for directions

Excuse me, ...	უკაცრავად, ... uk'atsravad, ...
Where is ...?	სად არის ...? sad aris ...?
Which way is ...?	რომელი მიმართულებითაა ...? romeli mimartulebitaa ...?
Could you help me, please?	დამეხმარეთ, თუ შეიძლება. damekhmaret, tu sheidzleba.

I'm looking for ...	მე ვეძებ ... me vedzeb ...
I'm looking for the exit.	მე ვეძებ გასასვლელს. me vedzeb gasasvlels.
I'm going to ...	მე მივემგზავრები ...-ში me mivemgzavrebi ...-shi
Am I going the right way to ...?	სწორად მივდივარ ...? sts'orad mivdivar ...?

Is it far?	ეს შორსაა? es shorsaa?
Can I get there on foot?	მე მივალ იქამდე ფეხით? me mival ikamde pekhit?
Can you show me on the map?	რუკაზე მაჩვენეთ, თუ შეიძლება. ruk'aze machvenet, tu sheidzleba.
Show me where we are right now.	მაჩვენეთ, სად ვართ ახლა. machvenet, sad vart akhla.

Here	აქ ak
There	იქ ik
This way	აქეთ aket

Turn right.	მოუხვიეთ მარჯვნივ. moukhviet marjvniv.
Turn left.	მოუხვიეთ მარცხნივ. moukhviet martskhniv.
first (second, third) turn	პირველი (მეორე, მესამე) მოსახვევი p'irveli (meore, mesame) mosakhvevi
to the right	მარჯვნივ marjvniv

to the left	მარცხნივ
	martskhniv
Go straight ahead.	იარეთ პირდაპირ.
	iaret p'irdap'ir.

Signs

WELCOME!	კეთილი იყოს თქვენი მობრძანება! k'etili iqos tkveni mobrdzaneba!
ENTRANCE	შესასვლელი shesasvleli
EXIT	გასასვლელი gasasvleli
PUSH	თქვენგან tkvengan
PULL	თქვენკენ tkvenk'en
OPEN	ღიაა ghiaa
CLOSED	დაკეტილია dak'et'ilia
FOR WOMEN	ქალებისთვის kalebistvis
FOR MEN	მამაკაცებისთვის mamak'atsebistvis
GENTLEMEN, GENTS	მამაკაცების ტუალეტი mamak'atsebis t'ualet'i
WOMEN	ქალების ტუალეტი kalebis t'ualet'i
DISCOUNTS	ფასდაკლება pasdak'leba
SALE	გაყიდვა ფასდაკლებით gaqidva pasdak'lebit
FREE	უფასოდ upasod
NEW!	სიახლე! siakhle!
ATTENTION!	ყურადღება! quradgheba!
NO VACANCIES	ადგილები არ არის adgilebi ar aris
RESERVED	დაჯავშნილია dajavshnilia
ADMINISTRATION	ადმინისტრაცია administ'ratsia
STAFF ONLY	მხოლოდ პერსონალისთვის mkholod p'ersonalistvis

BEWARE OF THE DOG!	ავი ძაღლი avi dzaghli
NO SMOKING!	ნუ მოსწევთ! nu mosts'evt!
DO NOT TOUCH!	არ შეეხოთ! ar sheekhot!
DANGEROUS	საშიშია sashishia
DANGER	საფრთხე saprtkhe
HIGH VOLTAGE	მაღალი ძაბვა maghali dzabva
NO SWIMMING!	ბანაობა აკრძალულია banaoba ak'rdzalulia
OUT OF ORDER	არ მუშაობს ar mushaobs
FLAMMABLE	ცეცხლსაშიშია tsetskhlsashishia
FORBIDDEN	აკრძალულია ak'rdzalulia
NO TRESPASSING!	გავლა აკრძალულია gavla ak'rdzalulia
WET PAINT	შეღებილია sheghebilia
CLOSED FOR RENOVATIONS	დაკეტილია სარემონტოდ dak'et'ilia saremont'od
WORKS AHEAD	სარემონტო სამუშაოები saremont'o samushaoebi
DETOUR	შემოვლითი გზა shemovliti gza

Transportation. General phrases

plane	თვითმფრინავი tvitmprinavi
train	მატარებელი mat'arebeli
bus	ავტობუსი avt'obusi
ferry	ბორანი borani
taxi	ტაქსი t'aksi
car	მანქანა mankana
schedule	განრიგი ganrigi
Where can I see the schedule?	სად შეიძლება განრიგის ნახვა? sad sheidzleba ganrigis nakhva?
workdays (weekdays)	სამუშაო დღეები samushao dgheebi
weekends	დასვენების დღეები dasvenebis dgheebi
holidays	სადღესასწაულო დღეები sadghesasts'aulo dgheebi
DEPARTURE	გამგზავრება gamgzavreba
ARRIVAL	ჩამოსვლა chamosvla
DELAYED	იგვიანებს igvianebs
CANCELLED	გაუქმებულია gaukmebulia
next (train, etc.)	შემდეგი shemdegi
first	პირველი p'irveli
last	ბოლო bolo
When is the next ...?	როდის იქნება შემდეგი ...? rodis ikneba shemdegi ...?
When is the first ...?	როდის გადის პირველი ...? rodis gadis p'irveli ...?
When is the last ...?	როდის გადის ბოლო ...? rodis gadis bolo ...?

transfer (change of trains, etc.)	გადაჯდომა gadajdoma
to make a transfer	გადაჯდომის გაკეთება gadajdomis gak'eteba
Do I need to make a transfer?	გადაჯდომა მომიწევს? gadajdoma momits'evs?

Buying tickets

Where can I buy tickets?	სად შემიძლია ვიყიდო ბილეთები? sad shemidzlia viqido biletebi?
ticket	ბილეთი bileti
to buy a ticket	ბილეთის ყიდვა biletis qidva
ticket price	ბილეთის ღირებულება biletis ghirebuleba
Where to?	სად? sad?
To what station?	რომელ სადგურამდე? romel sadguramde?
I need ...	მე მჭირდება ... me mch'irdeba ...
one ticket	ერთი ბილეთი erti bileti
two tickets	ორი ბილეთი ori bileti
three tickets	სამი ბილეთი sami bileti
one-way	ერთი მიმართულებით erti mimartulebit
round-trip	იქით და უკან ikit da uk'an
first class	პირველი კლასი p'irveli k'lasi
second class	მეორე კლასი meore k'lasi
today	დღეს dghes
tomorrow	ხვალ khval
the day after tomorrow	ზეგ zeg
in the morning	დილით dilit
in the afternoon	დღისით dghisit
in the evening	საღამოს saghamos

aisle seat	ადგილი გასასვლელთან adgili gasasvleltan
window seat	ადგილი ფანჯარასთან adgili panjarastan
How much?	რამდენი? ramdeni?
Can I pay by credit card?	შემიძლია ბარათით გადავიხადო? shemidzlia baratit gadavikhado?

Bus

bus	ავტობუსი avt'obusi
intercity bus	საქალაქთაშორისო ავტობუსი sakalaktashoriso avt'obusi
bus stop	ავტობუსის გაჩერება avt'obusis gachereba
Where's the nearest bus stop?	სად არის უახლოესი ავტობუსის გაჩერება? sad aris uakhloesi avt'obusis gachereba?

number (bus ~, etc.)	ნომერი nomeri
Which bus do I take to get to …?	რომელი ავტობუსი მიდის …-მდე? romeli avt'obusi midis …-mde?
Does this bus go to …?	ეს ავტობუსი მიდის …-მდე? es avt'obusi midis …-mde?
How frequent are the buses?	რამდენად ხშირად დადიან ავტობუსები? ramdenad khshirad dadian avt'obusebi?

every 15 minutes	ყოველ თხუთმეტ წუთში qovel tkhutmet' ts'utshi
every half hour	ყოველ ნახევარ საათში qovel nakhevar saatshi
every hour	ყოველ საათში qovel saatshi
several times a day	დღეში რამდენჯერმე dgheshi ramdenjerme
… times a day	…-ჯერ დღეში …-jer dgheshi

schedule	განრიგი ganrigi
Where can I see the schedule?	სად შეიძლება განრიგის ნახვა? sad sheidzleba ganrigis nakhva?
When is the next bus?	როდის იქნება შემდეგი ავტობუსი? rodis ikneba shemdegi avt'obusi?
When is the first bus?	როდის გადის პირველი ავტობუსი? rodis gadis p'irveli avt'obusi?
When is the last bus?	როდის გადის ბოლო ავტობუსი? rodis gadis bolo avt'obusi?

stop	გაჩერება gachereba
next stop	შემდეგი გაჩერება shemdegi gachereba
last stop (terminus)	ბოლო გაჩერება bolo gachereba
Stop here, please.	აქ გააჩერეთ, თუ შეიძლება. ak gaacheret, tu sheidzleba.
Excuse me, this is my stop.	უკაცრავად, ეს ჩემი გაჩერებაა. uk'atsravad, es chemi gacherebaa.

Train

train	**მატარებელი** mat'arebeli
suburban train	**საგარეუბნო მატარებელი** sagareubno mat'arebeli
long-distance train	**შორი მიმოსვლის მატარებელი** shori mimosvlis mat'arebeli
train station	**რკინიგზის სადგური** rk'inigzis sadguri
Excuse me, where is the exit to the platform?	**უკაცრავად, სად არის მატარებლებთან გასასვლელი?** uk'atsravad, sad aris mat'areblebtan gasasvleli?
Does this train go to …?	**ეს მატარებელი მიდის ...-მდე?** es mat'arebeli midis ...-mde?
next train	**შემდეგი მატარებელი** shemdegi mat'arebeli
When is the next train?	**როდის იქნება შემდეგი მატარებელი?** rodis ikneba shemdegi mat'arebeli?
Where can I see the schedule?	**სად შეიძლება განრიგის ნახვა?** sad sheidzleba ganrigis nakhva?
From which platform?	**რომელი ბაქნიდან?** romeli baknidan?
When does the train arrive in …?	**როდის ჩადის მატარებელი ...-ში?** rodis chadis mat'arebeli ...-shi?
Please help me.	**დამეხმარეთ, თუ შეიძლება.** damekhmaret, tu sheidzleba.
I'm looking for my seat.	**მე ვეძებ ჩემს ადგილს.** me vedzeb chems adgils.
We're looking for our seats.	**ჩვენ ვეძებთ ჩვენს ადგილებს.** chven vedzebt chvens adgilebs.
My seat is taken.	**ჩემი ადგილი დაკავებულია.** chemi adgili dak'avebulia.
Our seats are taken.	**ჩვენი ადგილები დაკავებულია.** chveni adgilebi dak'avebulia.
I'm sorry but this is my seat.	**უკაცრავად, მაგრამ ეს ჩემი ადგილია.** uk'atsravad, magram es chemi adgilia.
Is this seat taken?	**ეს ადგილი თავისუფალია?** es adgili tavisupalia?
May I sit here?	**შემიძლია აქ დავჯდე?** shemidzlia ak davjde?

On the train. Dialogue (No ticket)

Ticket, please. — თქვენი ბილეთი, თუ შეიძლება.
tkveni bileti, tu sheidzleba.

I don't have a ticket. — მე არა მაქვს ბილეთი.
me ara makvs bileti.

I lost my ticket. — მე დავკარგე ჩემი ბილეთი.
me davk'arge chemi bileti.

I forgot my ticket at home. — მე ბილეთი სახლში დამრჩა.
me bileti sakhlshi damrcha.

You can buy a ticket from me. — თქვენ შეგიძლიათ იყიდოთ ბილეთი ჩემგან.
tkven shegidzliat iqidot bileti chemgan.

You will also have to pay a fine. — თქვენ კიდევ მოგიწევთ ჯარიმის გადახდა.
tkven k'idev mogits'evt jarimis gadakhda.

Okay. — კარგი.
k'argi.

Where are you going? — სად მიემგზავრებით?
sad miemgzavrebit?

I'm going to ... — მე მივდივარ ...-მდე
me mivdivar ...-mde

How much? I don't understand. — რამდენი? არ მესმის.
ramdeni? ar mesmis.

Write it down, please. — დამიწერეთ, თუ შეიძლება.
damits'eret, tu sheidzleba.

Okay. Can I pay with a credit card? — კარგი. შემიძლია ბარათით გადავიხადო?
k'argi. shemidzlia baratit gadavikhado?

Yes, you can. — დიახ, შეგიძლიათ.
diakh, shegidzliat.

Here's your receipt. — აი თქვენი ქვითარი.
ai tkveni kvitari.

Sorry about the fine. — ვწუხვარ ჯარიმაზე.
vts'ukhvar jarimaze.

That's okay. It was my fault. — არა უშავს. ეს ჩემი ბრალია.
ara ushavs. es chemi bralia.

Enjoy your trip. — სასიამოვნო მგზავრობას გისურვებთ.
sasiamovno mgzavrobas gisurvebt.

Taxi

taxi	ტაქსი t'aksi
taxi driver	ტაქსისტი t'aksist'i
to catch a taxi	ტაქსის დაჭერა t'aksis dach'era
taxi stand	ტაქსის გაჩერება t'aksis gachereba
Where can I get a taxi?	სად შემიძლია ტაქსის გაჩერება? sad shemidzlia t'aksis gachereba?
to call a taxi	ტაქსის გამოძახება t'aksis gamodzakheba
I need a taxi.	მე მჭირდება ტაქსი. me mch'irdeba t'aksi.
Right now.	პირდაპირ ახლა. p'irdap'ir akhla.
What is your address (location)?	თქვენი მისამართი? tkveni misamarti?
My address is ...	ჩემი მიასამართია ... chemi miasamartia ...
Your destination?	სად უნდა გაემგზავროთ? sad unda gaemgzavrot?
Excuse me, ...	უკაცრავად, ... uk'atsravad, ...
Are you available?	თქვენ თავისუფალი ხართ? tkven tavisupali khart?
How much is it to get to ...?	რა ღირს წასვლა ...-მდე? ra ghirs ts'asvla ...-mde?
Do you know where it is?	თქვენ იცით, სად არის ეს? tkven itsit, sad aris es?
Airport, please.	აეროპორტში, თუ შეიძლება. aerop'ort'shi, tu sheidzleba.
Stop here, please.	აქ გააჩერეთ, თუ შეიძლება. ak gaacheret, tu sheidzleba.
It's not here.	ეს აქ არ არის. es ak ar aris.
This is the wrong address.	ეს არასწორი მისამართია. es arasts'ori misamartia.

Turn left.	ახლა მარცხნივ. akhla martskhniv.
Turn right.	ახლა მარჯვნივ. akhla marjvniv.

How much do I owe you?	რამდენი უნდა გადაგიხადოთ? ramdeni unda gadagikhadot?
I'd like a receipt, please.	ჩეკი მომეცით, თუ შეიძლება. chek'i mometsit, tu sheidzleba.
Keep the change.	ხურდა არ მინდა. khurda ar minda.

Would you please wait for me?	დამელოდეთ, თუ შეიძლება. damelodet, tu sheidzleba.
five minutes	ხუთი წუთი khuti ts'uti
ten minutes	ათი წუთი ati ts'uti
fifteen minutes	თხუთმეტი წუთი tkhutmet'i ts'uti
twenty minutes	ოცი წუთი otsi ts'uti
half an hour	ნახევარი საათი nakhevari saati

Hotel

Hello.	გამარჯობა. gamarjoba.
My name is ...	მე მქვია ... me mkvia ...
I have a reservation.	მე დავჯავშნე ნომერი. me davjavshne nomeri.
I need ...	მე მჭირდება ... me mch'irdeba ...
a single room	ერთადგილიანი ნომერი ertadgiliani nomeri
a double room	ორადგილიანი ნომერი oradgiliani nomeri
How much is that?	რა ღირს? ra ghirs?
That's a bit expensive.	ეს ცოტა ძვირია. es tsot'a dzviria.
Do you have anything else?	გაქვთ კიდევ რამე? gakvt k'idev rame?
I'll take it.	მე ავიღებ ამას. me avigheb amas.
I'll pay in cash.	მე ნაღდით გადავიხდი. me naghdit gadavikhdi.
I've got a problem.	პრობლემა მაქვს. p'roblema makvs.
My ... is broken.	ჩემთან გაფუჭებულია ... chemtan gapuch'ebulia ...
My ... is out of order.	ჩემთან არ მუშაობს ... chemtan ar mushaobs ...
TV	ტელევიზორი t'elevizori
air conditioner	კონდიციონერი k'onditsioneri
tap	ონკანი onk'ani
shower	შხაპი shkhap'i
sink	ნიჟარა nizhara
safe	სეიფი seipi
door lock	საკეტი sak'et'i

electrical outlet	როზეტი
	rozet'i
hairdryer	ფენი
	peni

I don't have …	მე არა მაქვს …
	me ara makvs …
water	წყალი
	ts'qali
light	სინათლე
	sinatle
electricity	დენი
	deni

Can you give me …?	შეგიძლიათ მომცეთ …?
	shegidzliat momtset …?
a towel	პირსახოცი
	p'irsakhotsi
a blanket	საბანი
	sabani
slippers	ჩუსტები, ფლოსტები, ქოშები
	chust'ebi, plost'ebi, koshebi
a robe	ხალათი
	khalati
shampoo	შამპუნი
	shamp'uni
soap	საპონი
	sap'oni

I'd like to change rooms.	მე მინდა გამოვცვალო ნომერი.
	me minda gamovtsvalo nomeri.
I can't find my key.	ვერ ვპოულობ ჩემს გასაღებს.
	ver vp'oulob chems gasaghebs.
Could you open my room, please?	გამიღეთ ჩემი ნომერი, თუ შეიძლება.
	gamighet chemi nomeri, tu sheidzleba.
Who's there?	ვინ არის?
	vin aris?
Come in!	მობრძანდით!
	mobrdzandit!
Just a minute!	ერთი წუთით!
	erti ts'utit!
Not right now, please.	თუ შეიძლება, ახლა არა.
	tu sheidzleba, akhla ara.

Come to my room, please.	შემობრძანდით ჩემთან, თუ შეიძლება.
	shemobrdzandit chemtan, tu sheidzleba.
I'd like to order food service.	მე მინდა შევუკვეთო საჭმელი ნომერში.
	me minda shevuk'veto sach'meli nomershi.

My room number is …	ჩემი ოთახის ნომერია … chemi otakhis nomeria …
I'm leaving …	მე მივემგზავრები … me mivemgzavrebi …
We're leaving …	ჩვენ მივემგზავრებით … chven mivemgzavrebit …

right now	ახლა akhla
this afternoon	დღეს სადილის შემდეგ dghes sadilis shemdeg
tonight	დღეს საღამოს dghes saghamos
tomorrow	ხვალ khval
tomorrow morning	ხვალ დილით khval dilit
tomorrow evening	ხვალ საღამოს khval saghamos
the day after tomorrow	ზეგ zeg

I'd like to pay.	მე მინდა გავასწორო ანგარიში. me minda gavasts'oro angarishi.
Everything was wonderful.	ყველაფერი შესანიშნავი იყო. qvelaperi shesanishnavi iqo.
Where can I get a taxi?	სად შემიძლია ტაქსის გაჩერება? sad shemidzlia t'aksis gachereba?
Would you call a taxi for me, please?	გამომიძახეთ ტაქსი, თუ შეიძლება. gamomidzakhet t'aksi, tu sheidzleba.

Restaurant

Can I look at the menu, please?	**შემიძლია ვნახო თქვენი მენიუ?** shemidzlia vnakho tkveni meniu?
Table for one.	**მაგიდა ერთი კაცისთვის.** magida erti k'atsistvis.
There are two (three, four) of us.	**ჩვენ ორნი (სამნი, ოთხნი) ვართ.** chven orni (samni, otkhni) vart.

Smoking	**მწეველებისთვის** mts'evelebistvis
No smoking	**არამწეველებისთვის** aramts'evelebistvis
Excuse me! (addressing a waiter)	**თუ შეიძლება!** tu sheidzleba!
menu	**მენიუ** meniu
wine list	**ღვინის ბარათი** ghvinis barati
The menu, please.	**მენიუ, თუ შეიძლება.** meniu, tu sheidzleba.
Are you ready to order?	**თქვენ მზად ხართ შეკვეთის გასაკეთებლად?** tkven mzad khart shek'vetis gasak'eteblad?
What will you have?	**რას შეუკვეთავთ?** ras sheuk'vetavt?
I'll have ...	**მე მინდა ...** me minda ...

I'm a vegetarian.	**მე ვეგეტარიანელი ვარ.** me veget'arianeli var.
meat	**ხორცი** khortsi
fish	**თევზი** tevzi
vegetables	**ბოსტნეული** bost'neuli
Do you have vegetarian dishes?	**თქვენ გაქვთ ვეგეტარიანული კერძები?** tkven gakvt veget'arianuli k'erdzebi?
I don't eat pork.	**მე არ ვჭამ ღორის ხორცს.** me ar vch'am ghoris khortss.
He /she/ doesn't eat meat.	**ის არ ჭამს ხორცს.** is ar ch'ams khortss.
I am allergic to ...	**მე ალერგია მაქვს ...-ზე** me alergia makvs ...-ze

Would you please bring me ...	მომიტანეთ, თუ შეიძლება, ... momit'anet, tu sheidzleba, ...
salt | pepper | sugar	მარილი | პილპილი | შაქარი marili | p'ilp'ili | shakari
coffee | tea | dessert	ყავა | ჩაი | დესერტი qava | chai | desert'i
water | sparkling | plain	წყალი | გაზიანი | უგაზო ts'qali | gaziani | ugazo
a spoon | fork | knife	კოვზი | ჩანგალი | დანა k'ovzi | changali | dana
a plate | napkin	თეფში | ხელსახოცი tepshi | khelsakhotsi

Enjoy your meal!	გემრიელად მიირთვით! gemrielad miirtvit!
One more, please.	კიდევ მომიტანეთ, თუ შეიძლება. k'idev momit'anet, tu sheidzleba.
It was very delicious.	ძალიან გემრიელი იყო. dzalian gemrieli iqo.

check | change | tip	ანგარიში | ხურდა | ჩაის ფული angarishi | khurda | chais puli
Check, please. (Could I have the check, please?)	ანგარიში, თუ შეიძლება. angarishi, tu sheidzleba.
Can I pay by credit card?	შემიძლია ბარათით გადავიხადო? shemidzlia baratit gadavikhado?
I'm sorry, there's a mistake here.	უკაცრავად, აქ შეცდომაა. uk'atsravad, ak shetsdomaa.

Shopping

Can I help you?	შემიძლია დაგეხმაროთ? shemidzlia dagekhmarot?
Do you have ...?	თქვენ გაქვთ ...? tkven gakvt ...?
I'm looking for ...	მე ვეძებ ... me vedzeb ...
I need ...	მე მჭირდება ... me mch'irdeba ...
I'm just looking.	მე უბრალოდ ვათვალიერებ. me ubralod vatvaliereb.
We're just looking.	ჩვენ უბრალოდ ვათვალიერებთ. chven ubralod vatvalierebt.
I'll come back later.	მე მოგვიანებით მოვალ. me mogvianebit moval.
We'll come back later.	ჩვენ მოგვიანებით მოვალთ. chven mogvianebit movalt.
discounts | sale	ფასდაკლება | გაყიდვა ფასდაკლებით pasdak'leba | gaqidva pasdak'lebit
Would you please show me ...	მაჩვენეთ, თუ შეიძლება ... machvenet, tu sheidzleba ...
Would you please give me ...	მომეცით, თუ შეიძლება ... mometsit, tu sheidzleba ...
Can I try it on?	შეიძლება ეს მოვიზომო? sheidzleba es movizomo?
Excuse me, where's the fitting room?	უკაცრავად, სად არის ტანსაცმლის მოსაზომი? uk'atsravad, sad aris t'ansatsmlis mosazomi?
Which color would you like?	რომელი ფერი გნებავთ? romeli peri gnebavt?
size | length	ზომა | სიმაღლე zoma | simaghle
How does it fit?	მოგერგოთ? mogergot?
How much is it?	რა ღირს ეს? ra ghirs es?
That's too expensive.	ეს ძალიან ძვირია. es dzalian dzviria.
I'll take it.	მე ამას ავიღებ. me amas avigheb.

Excuse me, where do I pay?	უკაცრავად, სად არის სალარო? uk'atsravad, sad aris salaro?
Will you pay in cash or credit card?	როგორ გადაიხდით? ნაღდით თუ საკრედიტო ბარათით? rogor gadaikhdit? naghdit tu sak'redit'o baratit?
In cash | with credit card	ნაღდით | ბარათით naghdit | baratit
Do you want the receipt?	თქვენ გჭირდებათ ჩეკი? tkven gch'irdebat chek'i?
Yes, please.	დიახ, თუ შეიძლება. diakh, tu sheidzleba.
No, it's OK.	არა, არ არის საჭირო. გმადლობთ. ara, ar aris sach'iro. gmadlobt.
Thank you. Have a nice day!	გმადლობთ. კარგად ბრძანდებოდეთ! gmadlobt. k'argad brdzandebodet!

In town

Excuse me, ...	უკაცრავად, თუ შეიძლება ... uk'atsravad, tu sheidzleba ...
I'm looking for ...	მე ვეძებ ... me vedzeb ...
the subway	მეტროს met'ros
my hotel	ჩემს სასტუმროს chems sast'umros
the movie theater	კინოთეატრს k'inoteat'rs
a taxi stand	ტაქსის გაჩერებას t'aksis gacherebas
an ATM	ბანკომატს bank'omat's
a foreign exchange office	ვალუტის გაცვლას valut'is gatsvlas
an internet café	ინტერნეტ-კაფეს int'ernet'-k'apes
... street	... ქუჩას ... kuchas
this place	აი ამ ადგილს ai am adgils
Do you know where ... is?	თქვენ არ იცით, სად მდებარეობს ...? tkven ar itsit, sad mdebareobs ...?
Which street is this?	რა ჰქვია ამ ქუჩას? ra hkvia am kuchas?
Show me where we are right now.	მაჩვენეთ, სად ვართ ახლა. machvenet, sad vart akhla.
Can I get there on foot?	მე მივალ იქამდე ფეხით? me mival ikamde pekhit?
Do you have a map of the city?	თქვენ გაქვთ ქალაქის რუკა? tkven gakvt kalakis ruk'a?
How much is a ticket to get in?	რა ღირს შესასვლელი ბილეთი? ra ghirs shesasvleli bileti?
Can I take pictures here?	აქ შეიძლება ფოტოგადაღება? ak sheidzleba pot'ogadagheba?
Are you open?	თქვენთან ღიაა? tkventan ghiaa?

When do you open?	რომელ საათზე გაიხსნებით? romel saatze gaikhsnebit?
When do you close?	რომელ საათამდე მუშაობთ? romel saatamde mushaobt?

Money

money	ფული puli
cash	ნაღდი ფული naghdi puli
paper money	ქაღალდის ფული kaghaldis puli
loose change	ხურდა ფული khurda puli
check | change | tip	ანგარიში | ხურდა | ჩაის ფული angarishi | khurda | chais puli
credit card	საკრედიტო ბარათი sak'redit'o barati
wallet	საფულე sapule
to buy	ყიდვა, შეძენა qidva, shedzena
to pay	გადახდა gadakhda
fine	ჯარიმა jarima
free	უფასოდ upasod
Where can I buy ...?	სად შემიძლია ვიყიდო ...? sad shemidzlia viqido ...?
Is the bank open now?	ბანკი ახლა ღიაა? bank'i akhla ghiaa?
When does it open?	რომელ საათზე იღება? romel saatze igheba?
When does it close?	რომელ საათამდე მუშაობს? romel saatamde mushaobs?
How much?	რამდენი? ramdeni?
How much is this?	რა ღირს ეს? ra ghirs es?
That's too expensive.	ეს ძალიან ძვირია. es dzalian dzviria.
Excuse me, where do I pay?	უკაცრავად, სად არის სალარო? uk'atsravad, sad aris salaro?
Check, please.	ანგარიში, თუ შეიძლება. angarishi, tu sheidzleba.

Can I pay by credit card?	შემიძლია ბარათით გადავიხადო? shemidzlia baratit gadavikhado?
Is there an ATM here?	აქ არის ბანკომატი? ak aris bank'omat'i?
I'm looking for an ATM.	მე მჭირდება ბანკომატი. me mch'irdeba bank'omat'i.
I'm looking for a foreign exchange office.	მე ვეძებ ვალუტის გადამცვლელს. me vedzeb valut'is gadamtsvlels.
I'd like to change …	მე მინდა გადავცვალო … me minda gadavtsvalo …
What is the exchange rate?	როგორია გაცვლითი კურსი? rogoria gatsvliti k'ursi?
Do you need my passport?	გჭირდებათ ჩემი პასპორტი? gch'irdebat chemi p'asp'ort'i?

Time

What time is it?	რომელი საათია? romeli saatia?
When?	როდის? rodis?
At what time?	რომელ საათზე? romel saatze?
now | later | after ...	ახლა | მოგვიანებით | ... შემდეგ akhla | mogvianebit | ... shemdeg
one o'clock	დღის პირველი საათი dghis p'irveli saati
one fifteen	პირველი საათი და თხუთმეტი წუთი p'irveli saati da tkhutmet'i ts'uti
one thirty	პირველი საათი და ოცდაათი წუთი p'irveli saati da otsdaati ts'uti
one forty-five	ორს აკლია თხუთმეტი წუთი ors ak'lia tkhutmet'i ts'uti
one | two | three	ერთი | ორი | სამი erti | ori | sami
four | five | six	ოთხი | ხუთი | ექვსი otkhi | khuti | ekvsi
seven | eight | nine	შვიდი | რვა | ცხრა shvidi | rva | tskhra
ten | eleven | twelve	ათი | თერთმეტი | თორმეტი ati | tertmet'i | tormet'i
in ...	...-ის შემდეგ ...-is shemdeg
five minutes	ხუთი წუთის khuti ts'utis
ten minutes	ათი წუთის ati ts'utis
fifteen minutes	თხუთმეტი წუთის tkhutmet'i ts'utis
twenty minutes	ოცი წუთის otsi ts'utis
half an hour	ნახევარ საათში nakhevar saatshi
an hour	ერთ საათში ert saatshi

in the morning	დილით dilit
early in the morning	დილით ადრე dilit adre
this morning	დღეს დილით dghes dilit
tomorrow morning	ხვალ დილით khval dilit

in the middle of the day	სადილზე sadilze
in the afternoon	სადილის შემდეგ sadilis shemdeg
in the evening	საღამოს saghamos
tonight	დღეს საღამოს dghes saghamos

at night	ღამით ghamit
yesterday	გუშინ gushin
today	დღეს dghes
tomorrow	ხვალ khval
the day after tomorrow	ზეგ zeg

What day is it today?	დღეს რა დღეა? dghes ra dghea?
It's …	დღეს … dghes …
Monday	ორშაბათი orshabati
Tuesday	სამშაბათი samshabati
Wednesday	ოთხშაბათი otkhshabati

Thursday	ხუთშაბათი khutshabati
Friday	პარასკევი p'arask'evi
Saturday	შაბათი shabati
Sunday	კვირა k'vira

Greetings. Introductions

Hello.	გამარჯობა. gamarjoba.
Pleased to meet you.	მოხარული ვარ თქვენი გაცნობით. mokharuli var tkveni gatsnobit.
Me too.	მეც. mets.
I'd like you to meet ...	გაიცანით. ეს არის ... gaitsanit. es aris ...
Nice to meet you.	ძალიან სასიამოვნოა. dzalian sasiamovnoa.

How are you?	როგორ ხართ? როგორ არის თქვენი საქმეები? rogor khart? rogor aris tkveni sakmeebi?
My name is ...	მე მქვია ... me mkvia ...
His name is ...	მას ჰქვია ... mas hkvia ...
Her name is ...	მას ჰქვია ... mas hkvia ...
What's your name?	რა გქვიათ? ra gkviat?
What's his name?	რა ჰქვია მას? ra hkvia mas?
What's her name?	რა ჰქვია მას? ra hkvia mas?

What's your last name?	რა გვარი ხართ? ra gvari khart?
You can call me ...	დამიძახეთ ... damidzakhet ...
Where are you from?	საიდან ხართ? saidan khart?
I'm from ...	მე ...-დან ვარ me ...-dan var
What do you do for a living?	რად მუშაობთ? rad mushaobt?

Who is this?	ვინ არის ეს? vin aris es?
Who is he?	ვინ არის ის? vin aris is?

Who is she?	ვინ არის ის? vin aris is?
Who are they?	ვინ არიან ისინი? vin arian isini?

This is …	ეს არის … es aris …
my friend (masc.)	ჩემი მეგობარი chemi megobari
my friend (fem.)	ჩემი მეგობარი chemi megobari
my husband	ჩემი ქმარი chemi kmari
my wife	ჩემი ცოლი chemi tsoli

my father	ჩემი მამა chemi mama
my mother	ჩემი დედა chemi deda
my brother	ჩემი ძმა chemi dzma
my sister	ჩემი და chemi da
my son	ჩემი ვაჟი chemi vazhi
my daughter	ჩემი ქალიშვილი chemi kalishvili

This is our son.	ეს ჩვენი ვაჟიშვილია. es chveni vazhishvilia.
This is our daughter.	ეს ჩვენი ქალიშვილია. es chveni kalishvilia.
These are my children.	ეს ჩემი შვილები არიან. es chemi shvilebi arian.
These are our children.	ეს ჩვენი შვილები არიან. es chveni shvilebi arian.

Farewells

Good bye!	ნახვამდის! nakhvamdis!
Bye! (inform.)	კარგად! k'argad!
See you tomorrow.	ხვალამდე. khvalamde.
See you soon.	შეხვედრამდე. shekhvedramde.
See you at seven.	შვიდზე შევხვდებით. shvidze shevkhvdebit.
Have fun!	გაერთეთ! gaertet!
Talk to you later.	ვისაუბროთ მოგვიანებით. visaubrot mogvianebit.
Have a nice weekend.	წარმატებულ დასვენების დღეებს გისურვებთ. ts'armat'ebul dasvenebis dgheebs gisurvebt.
Good night.	ღამე მშვიდობისა. ghame mshvidobisa.
It's time for me to go.	ჩემი წასვლის დროა. chemi ts'asvlis droa.
I have to go.	მე უნდა წავიდე. me unda ts'avide.
I will be right back.	ახლავე დავბრუნდები. akhlave davbrundebi.
It's late.	უკვე გვიანია. uk've gviania.
I have to get up early.	მე ადრე უნდა ავდგე. me adre unda avdge.
I'm leaving tomorrow.	მე ხვალ მივდივარ. me khval mivdivar.
We're leaving tomorrow.	ჩვენ ხვალ მივდივართ. chven khval mivdivart.
Have a nice trip!	ბედნიერ მგზავრობას გისურვებთ! bednier mgzavrobas gisurvebt!
It was nice meeting you.	სასიამოვნო იყო თქვენი გაცნობა. sasiamovno iqo tkveni gatsnoba.

| It was nice talking to you. | სასიამოვნო იყო თქვენთან ურთიერთობა. sasiamovno iqo tkventan urtiertoba. |
| Thanks for everything. | გმადლობთ ყველაფრისთვის. gmadlobt qvelapristvis. |

I had a very good time.	მე საუცხოოდ გავატარე დრო. me sautskhood gavat'are dro.
We had a very good time.	ჩვენ საუცხოოდ გავატარეთ დრო. chven sautskhood gavat'aret dro.
It was really great.	ყველაფერი ჩინებული იყო. qvelaperi chinebuli iqo.
I'm going to miss you.	მე მომენატრებით. me momenat'rebit.
We're going to miss you.	ჩვენ მოგვენატრებით. chven mogvenat'rebit.

| Good luck! | წარმატებებს გისურვებთ! ბედნიერად! ts'armat'ebebs gisurvebt! bednierad! |
| Say hi to ... | მოკითხვა გადაეცით ... mok'itkhva gadaetsit ... |

Foreign language

I don't understand.	მე არ მესმის. me ar mesmis.
Write it down, please.	დაწერეთ ეს, თუ შეიძლება. dats'eret es, tu sheidzleba.
Do you speak ...?	თქვენ იცით ...? tkven itsit ...?
I speak a little bit of ...	მე ცოტა ვიცი ... me tsot'a vitsi ...
English	ინგლისური inglisuri
Turkish	თურქული turkuli
Arabic	არაბული arabuli
French	ფრანგული pranguli
German	გერმანული germanuli
Italian	იტალიური it'aliuri
Spanish	ესპანური esp'anuri
Portuguese	პორტუგალიური p'ort'ugaliuri
Chinese	ჩინური chinuri
Japanese	იაპონური iap'onuri
Can you repeat that, please.	გაიმეორეთ, თუ შეიძლება. gaimeoret, tu sheidzleba.
I understand.	მე მესმის. me mesmis.
I don't understand.	მე არ მესმის. me ar mesmis.
Please speak more slowly.	ილაპარაკეთ უფრო ნელა, თუ შეიძლება. ilap'arak'et upro nela, tu sheidzleba.

Is that correct? (Am I saying it right?)	ეს სწორია? es sts'oria?
What is this? (What does this mean?)	რა არის ეს? ra aris es?

Apologies

Excuse me, please.	ბოდიში, უკაცრავად. bodishi, uk'atsravad.
I'm sorry.	მე ვწუხვარ. me vts'ukhvar.
I'm really sorry.	მე ძალიან ვწუხვარ. me dzalian vts'ukhvar.
Sorry, it's my fault.	დამნაშავე ვარ, ეს ჩემი ბრალია. damnashave var, es chemi bralia.
My mistake.	ჩემი შეცდომაა. chemi shetsdomaa.
May I ...?	მე შემიძლია ...? me shemidzlia ...?
Do you mind if I ...?	წინააღმდეგი ხომ არ იქნებით, მე რომ ...? ts'inaaghmdegi khom ar iknebit, me rom ...?
It's OK.	არა უშავს. ara ushavs.
It's all right.	ყველაფერი წესრიგშია. qvelaperi ts'esrigshia.
Don't worry about it.	ნუ შეწუხდებით. nu shets'ukhdebit.

Agreement

Yes.	დიახ. diakh.
Yes, sure.	დიახ, რა თქმა უნდა. diakh, ra tkma unda.
OK (Good!)	კარგი! k'argi!
Very well.	ძალიან კარგი. dzalian k'argi.
Certainly!	რა თქმა უნდა! ra tkma unda!
I agree.	მე თანახმა ვარ. me tanakhma var.

That's correct.	სწორია. sts'oria.
That's right.	სწორია. sts'oria.
You're right.	თქვენ მართალი ხართ. tkven martali khart.
I don't mind.	მე წინააღმდეგი არა ვარ. me ts'inaaghmdegi ara var.
Absolutely right.	სრული ჭეშმარიტებაა. sruli ch'eshmarit'ebaa.

It's possible.	ეს შესაძლებელია. es shesadzlebelia.
That's a good idea.	ეს კარგი აზრია. es k'argi azria.
I can't say no.	უარს ვერ ვიტყვი. uars ver vit'qvi.
I'd be happy to.	მოხარული ვიქნები. mokharuli viknebi.
With pleasure.	სიამოვნებით. siamovnebit.

Refusal. Expressing doubt

No.
არა.
ara.

Certainly not.
რა თქმა უნდა არა.
ra tkma unda ara.

I don't agree.
მე თანახმა არ ვარ.
me tanakhma ar var.

I don't think so.
მე ასე არ ვფიქრობ.
me ase ar vpikrob.

It's not true.
ეს მართალი არაა.
es martali araa.

You are wrong.
თქვენ არ ხართ მართალი.
tkven ar khart martali.

I think you are wrong.
მე მგონია, რომ თქვენ მართალი არ ხართ.
me mgonia, rom tkven martali ar khart.

I'm not sure.
დარწმუნებული არ ვარ.
darts'munebuli ar var.

It's impossible.
ეს შეუძლებელია.
es sheudzlebelia.

Nothing of the kind (sort)!
ნურას უკაცრავად!
nuras uk'atsravad!

The exact opposite.
პირიქით!
p'irikit!

I'm against it.
მე წინააღმდეგი ვარ.
me ts'inaaghmdegi var.

I don't care.
ჩემთვის სულ ერთია.
chemtvis sul ertia.

I have no idea.
აზრზე არ ვარ.
azrze ar var.

I doubt it.
მეეჭვება, რომ ეს ასეა.
meech'veba, rom es asea.

Sorry, I can't.
ბოდიში, მე არ შემიძლია.
bodishi, me ar shemidzlia.

Sorry, I don't want to.
ბოდიში, მე არ მინდა.
bodishi, me ar minda.

Thank you, but I don't need this.
გმადლობთ, მე ეს არ მჭირდება.
gmadlobt, me es ar mch'irdeba.

It's getting late.
უკვე გვიანია.
uk've gviania.

I have to get up early.	მე ადრე უნდა ავდგე. me adre unda avdge.
I don't feel well.	მე შეუძლოდ ვარ. me sheudzlod var.

Expressing gratitude

Thank you.	გმადლობთ.
	gmadlobt.
Thank you very much.	დიდი მადლობა.
	didi madloba.
I really appreciate it.	ძალიან მადლიერი ვარ.
	dzalian madlieri var.
I'm really grateful to you.	მე თქვენი მადლობელი ვარ.
	me tkveni madlobeli var.
We are really grateful to you.	ჩვენ თქვენი მადლიერნი ვართ.
	chven tkveni madlierni vart.
Thank you for your time.	გმადლობთ, რომ დრო დახარჯეთ.
	gmadlobt, rom dro dakharjet.
Thanks for everything.	მადლობა ყველაფრისთვის.
	madloba qvelapristvis.
Thank you for ...	მადლობა ...-თვის
	madloba ...-tvis
your help	თქვენი დახმარებისთვის
	tkveni dakhmarebistvis
a nice time	კარგი დროისთვის
	k'argi droistvis
a wonderful meal	მშვენიერი საჭმელისთვის
	mshvenieri sach'melistvis
a pleasant evening	სასიამოვნო საღამოსთვის
	sasiamovno saghamostvis
a wonderful day	შესანიშნავი დღისთვის
	shesanishnavi dghistvis
an amazing journey	საინტერესო ექსკურსიისთვის.
	saint'ereso eksk'ursiistvis.
Don't mention it.	არაფერს.
	arapers.
You are welcome.	არ ღირს სამადლობლად.
	ar ghirs samadloblad.
Any time.	ყოველთვის მზად ვარ.
	qoveltvis mzad var.
My pleasure.	მოხარული ვიყავი დაგხმარებოდით.
	mokharuli viqavi dagkhmarebodit.
Forget it.	დაივიწყეთ. ყველაფერი წესრიგშია.
	daivits'qet. qvelaperi ts'esrigshia.
Don't worry about it.	ნუ ღელავთ.
	nu ghelavt.

Congratulations. Best wishes

Congratulations!	გილოცავთ! gilotsavt!
Happy birthday!	გილოცავთ დაბადების დღეს! gilotsavt dabadebis dghes!
Merry Christmas!	ბედნიერ შობას გისურვებთ! bednier shobas gisurvebt!
Happy New Year!	გილოცავთ ახალ წელს! gilotsavt akhal ts'els!
Happy Easter!	ნათელ აღდგომას გილოცავთ! natel aghdgomas gilotsavt!
Happy Hanukkah!	ბედნიერ ჰანუკას გისურვებთ! bednier hanuk'as gisurvebt!
I'd like to propose a toast.	მე მაქვს სადღეგრძელო. me makvs sadghegrdzelo.
Cheers!	გაგიმარჯოთ! gagimarjot!
Let's drink to ...!	დავლიოთ ...! davliot ...!
To our success!	ჩვენი წარმატების იყოს! chveni ts'armat'ebis iqos!
To your success!	თქვენი წარმატების იყოს! tkveni ts'armat'ebis iqos!
Good luck!	წარმატებას გისურვებთ! ts'armat'ebas gisurvebt!
Have a nice day!	სასიამოვნო დღეს გისურვებთ! sasiamovno dghes gisurvebt!
Have a good holiday!	კარგ დასვენებას გისურვებთ! k'arg dasvenebas gisurvebt!
Have a safe journey!	გისურვებთ წარმატებულ მგზავრობას! gisurvebt ts'armat'ebul mgzavrobas!
I hope you get better soon!	გისურვებთ მალე გამოჯანმრთელებას! gisurvebt male gamojanmrtelebas!

Socializing

Why are you sad?	რატომ ხართ უხასიათოდ? rat'om khart ukhasiatod?
Smile! Cheer up!	გაიღიმეთ! gaighimet!
Are you free tonight?	თქვენ არ ხართ დაკავებული დღეს საღამოს? tkven ar khart dak'avebuli dghes saghamos?
May I offer you a drink?	მე შემიძლია შემოგთავაზოთ დალევა? me shemidzlia shemogtavazot daleva?
Would you like to dance?	არ გინდათ ცეკვა? ar gindat tsek'va?
Let's go to the movies.	იქნებ კინოში წავიდეთ? ikneb k'inoshi ts'avidet?
May I invite you to …?	შემიძლია დაგპატიჟოთ …-ში? shemidzlia dagp'at'izhot …-shi?
a restaurant	რესტორანში rest'oranshi
the movies	კინოში k'inoshi
the theater	თეატრში teat'rshi
go for a walk	სასეირნოდ saseirnod
At what time?	რომელ საათზე? romel saatze?
tonight	დღეს საღამოს dghes saghamos
at six	ექვს საათზე ekvs saatze
at seven	შვიდ საათზე shvid saatze
at eight	რვა საათზე rva saatze
at nine	ცხრა საათზე tskhra saatze
Do you like it here?	თქვენ აქ მოგწონთ? tkven ak mogts'ont?
Are you here with someone?	თქვენ აქ ვინმესთან ერთად ხართ? tkven ak vinmestan ertad khart?

I'm with my friend.	მე მეგობართან ერთად ვარ.
	me megobartan ertad var.
I'm with my friends.	მე მეგობრებთან ერთად ვარ.
	me megobrebtan ertad var.
No, I'm alone.	მე მარტო ვარ.
	me mart'o var.

Do you have a boyfriend?	შენ მეგობარი ვაჟი გყავს?
	shen megobari vazhi gqavs?
I have a boyfriend.	მე მყავს მეგობარი ვაჟი.
	me mqavs megobari vazhi.
Do you have a girlfriend?	შენ გყავს მეგობარი გოგონა?
	shen gqavs megobari gogona?
I have a girlfriend.	მე მყავს მეგობარი გოგონა.
	me mqavs megobari gogona.

Can I see you again?	ჩვენ კიდევ შევხვდებით?
	chven k'idev shevkhvdebit?
Can I call you?	შეიძლება დაგირეკო?
	sheidzleba dagirek'o?
Call me. (Give me a call.)	დამირეკე.
	damirek'e.
What's your number?	რა ნომერი გაქვს?
	ra nomeri gakvs?
I miss you.	მენატრები.
	menat'rebi.

You have a beautiful name.	თქვენ ძალიან ლამაზი სახელი გაქვთ.
	tkven dzalian lamazi sakheli gakvt.
I love you.	მე შენ მიყვარხარ.
	me shen miqvarkhar.
Will you marry me?	გამომყევი ცოლად.
	gamomqevi tsolad.
You're kidding!	თქვენ ხუმრობთ!
	tkven khumrobt!
I'm just kidding.	მე უბრალოდ ვხუმრობ.
	me ubralod vkhumrob.

Are you serious?	თქვენ სერიოზულად?
	tkven seriozulad?
I'm serious.	მე სერიოზულად ვამბობ.
	me seriozulad vambob.
Really?!	მართლა?!
	martla?!
It's unbelievable!	ეს წარმოუდგენელია!
	es ts'armoudgenelia!
I don't believe you.	მე თქვენი არ მჯერა.
	me tkveni ar mjera.
I can't.	მე არ შემიძლია.
	me ar shemidzlia.
I don't know.	მე არ ვიცი.
	me ar vitsi.

I don't understand you.	მე თქვენი არ მესმის. me tkveni ar mesmis.
Please go away.	წადით, თუ შეიძლება. ts'adit, tu sheidzleba.
Leave me alone!	დამანებეთ თავი! damanebet tavi!

I can't stand him.	მე მას ვერ ვიტან. me mas ver vit'an.
You are disgusting!	თქვენ ამაზრზენი ხართ! tkven amazrzeni khart!
I'll call the police!	მე პოლიციას გამოვიძახებ! me p'olitsias gamovidzakheb!

Sharing impressions. Emotions

I like it.	მე ეს მომწონს. me es momts'ons.
Very nice.	ძალიან სასიამოვნოა. dzalian sasiamovnoa.
That's great!	ეს ძალიან კარგია! es dzalian k'argia!
It's not bad.	ეს ცუდი არ არის. es tsudi ar aris.
I don't like it.	მე ეს არ მომწონს. me es ar momts'ons.
It's not good.	ეს კარგი არ არის. es k'argi ar aris.
It's bad.	ეს ცუდია. es tsudia.
It's very bad.	ეს ძალიან ცუდია. es dzalian tsudia.
It's disgusting.	ეს ამაზრზენია. es amazrzenia.
I'm happy.	მე ბედნიერი ვარ. me bednieri var.
I'm content.	მე კმაყოფილი ვარ. me k'maqopili var.
I'm in love.	მე შეყვარებული ვარ. me sheqvarebuli var.
I'm calm.	მე მშვიდად ვარ. me mshvidad var.
I'm bored.	მე მოწყენილი ვარ. me mots'qenili var.
I'm tired.	მე დავიღალე. me davighale.
I'm sad.	მე სევდიანი ვარ. me sevdiani var.
I'm frightened.	მე შეშინებული ვარ. me sheshinebuli var.
I'm angry.	მე ვბრაზობ. me vbrazob.
I'm worried.	მე ვღელავ. me vghelav.
I'm nervous.	მე ვნერვიულობ. me vnerviulob.

I'm jealous. (envious)   მე მშურს.
me mshurs.

I'm surprised.   მე გაკვირვებული ვარ.
me gak'virvebuli var.

I'm perplexed.   მე გაოგნებული ვარ.
me gaognebuli var.

Problems. Accidents

I've got a problem.	მე პრობლემა მაქვს. me p'roblema makvs.
We've got a problem.	ჩვენ პრობლემა გვაქვს. chven p'roblema gvakvs.
I'm lost.	მე გზა ამებნა. me gza amebna.
I missed the last bus (train).	მე დამაგვიანდა ბოლო ავტობუსზე (მატარებელზე). me damagvianda bolo avt'obusze (mat'arebelze).
I don't have any money left.	მე სულ აღარ დამრჩა ფული. me sul aghar damrcha puli.
I've lost my ...	მე დავკარგე ... me davk'arge ...
Someone stole my ...	მე მომპარეს ... me momp'ares ...
passport	პასპორტი p'asp'ort'i
wallet	საფულე sapule
papers	საბუთები sabutebi
ticket	ბილეთი bileti
money	ფული puli
handbag	ჩანთა chanta
camera	ფოტოაპარატი pot'oap'arat'i
laptop	ნოუთბუქი noutbuki
tablet computer	პლანშეტი p'lanshet'i
mobile phone	ტელეფონი t'eleponi
Help me!	მიშველეთ! mishvelet!
What's happened?	რა მოხდა...? ra mokhda...?

fire	ხანძარი
	khandzari
shooting	სროლა
	srola
murder	მკვლელობა
	mk'vleloba
explosion	აფეთქება
	apetkeba
fight	ჩხუბი
	chkhubi

Call the police!	გამოიძახეთ პოლიცია!
	gamoidzakhet p'olitsia!
Please hurry up!	თუ შეიძლება, ჩქარა!
	tu sheidzleba, chkara!
I'm looking for the police station.	მე ვეძებ პოლიციის განყოფილებას.
	me vedzeb p'olitsiis ganqopilebas.
I need to make a call.	მე უნდა დავრეკო.
	me unda davrek'o.
May I use your phone?	შეიძლება დავრეკო?
	sheidzleba davrek'o?

I've been …	მე …
	me …
mugged	გამძარცვეს
	gamdzartsves
robbed	გამქურდეს
	gamkurdes
raped	გამაუპატიურეს
	gamaup'at'iures
attacked (beaten up)	მცემეს
	mtsemes

Are you all right?	თქვენ ყველაფერი რიგზე გაქვთ?
	tkven qvelaperi rigze gakvt?
Did you see who it was?	თქვენ დაინახეთ, ვინ იყო?
	tkven dainakhet, vin iqo?
Would you be able to recognize the person?	თქვენ შეგიძლიათ ის იცნოთ?
	tkven shegidzliat is itsnot?
Are you sure?	თქვენ დარწმუნებული ხართ?
	tkven darts'munebuli khart?

Please calm down.	დაწყნარდით, თუ შეიძლება.
	dats'qnardit, tu sheidzleba.
Take it easy!	უფრო წყნარად!
	upro ts'qnarad!
Don't worry!	ნუ ღელავთ.
	nu ghelavt.
Everything will be fine.	ყველაფერი კარგად იქნება.
	qvelaperi k'argad ikneba.
Everything's all right.	ყველაფერი რიგზეა.
	qvelaperi rigzea.

Come here, please.	აქ მობრძანდით, თუ შეიძლება. ak mobrdzandit, tu sheidzleba.
I have some questions for you.	მე რამდენიმე კითხვა მაქვს თქვენთან. me ramdenime k'itkhva makvs tkventan.
Wait a moment, please.	დაელოდეთ, თუ შეიძლება. daelodet, tu sheidzleba.
Do you have any I.D.?	თქვენ გაქვთ საბუთები? tkven gakvt sabutebi?
Thanks. You can leave now.	გმადლობთ. შეგიძლიათ წაბრძანდეთ. gmadlobt. shegidzliat ts'abrdzandet.
Hands behind your head!	ხელები თავს უკან! khelebi tavs uk'an!
You're under arrest!	თქვენ დაპატიმრებული ხართ! tkven dap'at'imrebuli khart!

Health problems

Please help me.	მიშველეთ, თუ შეიძლება. mishvelet, tu sheidzleba.
I don't feel well.	მე ცუდად ვარ. me tsudad var.
My husband doesn't feel well.	ჩემი ქმარი ცუდად არის. chemi kmari tsudad aris.
My son ...	ჩემი ვაჟი ... chemi vazhi ...
My father ...	ჩემი მამა ... chemi mama ...
My wife doesn't feel well.	ჩემი ცოლი ცუდად არის. chemi tsoli tsudad aris.
My daughter ...	ჩემი ქალიშვილი ... chemi kalishvili ...
My mother ...	ჩემი დედა ... chemi deda ...
I've got a ...	მე ... მტკივა me ... mt'k'iva
headache	თავი tavi
sore throat	ყელი qeli
stomach ache	მუცელი mutseli
toothache	კბილი k'bili
I feel dizzy.	მე თავბრუ მეხვევა. me tavbru mekhveva.
He has a fever.	მას სიცხე აქვს. mas sitskhe akvs.
She has a fever.	მას სიცხე აქვს. mas sitskhe akvs.
I can't breathe.	სუნთქვა არ შემიძლია. suntkva ar shemidzlia.
I'm short of breath.	სული მეხუთება. suli mekhuteba.
I am asthmatic.	მე ასთმა მაქვს. me astma makvs.
I am diabetic.	მე დიაბეტი მაქვს. me diabet'i makvs.

I can't sleep.	მე უძილობა მჭირს.
	me udziloba mch'irs.
food poisoning	კვებითი მოწამვლა მაქვს
	k'vebiti mots'amvla makvs

It hurts here.	აი აქ მტკივა.
	ai ak mt'k'iva.
Help me!	მიშველეთ!
	mishvelet!
I am here!	მე აქ ვარ!
	me ak var!
We are here!	ჩვენ აქ ვართ!
	chven ak vart!
Get me out of here!	ამომიყვანეთ აქედან!
	amomiqvanet akedan!
I need a doctor.	მე ექიმი მჭირდება.
	me ekimi mch'irdeba.
I can't move.	მოძრაობა არ შემიძლია.
	modzraoba ar shemidzlia.
I can't move my legs.	ფეხებს ვერ ვგრძნობ.
	pekhebs ver vgrdznob.

I have a wound.	მე დაჭრილი ვარ.
	me dach'rili var.
Is it serious?	ეს სერიოზულია?
	es seriozulia?
My documents are in my pocket.	ჩემი საბუთები ჯიბეშია.
	chemi sabutebi jibeshia.
Calm down!	დაწყნარდით!
	dats'qnardit!
May I use your phone?	შეიძლება დავრეკო?
	sheidzleba davrek'o?

Call an ambulance!	გამოიძახეთ სასწრაფო!
	gamoidzakhet sasts'rapo!
It's urgent!	ეს სასწრაფოა!
	es sasts'rapoa!
It's an emergency!	ეს ძალიან სასწრაფოა!
	es dzalian sasts'rapoa!
Please hurry up!	თუ შეიძლება, ჩქარა!
	tu sheidzleba, chkara!
Would you please call a doctor?	ექიმი გამოიძახეთ, თუ შეიძლება.
	ekimi gamoidzakhet, tu sheidzleba.
Where is the hospital?	მითხარით, სად არის საავადმყოფო?
	mitkharit, sad aris saavadmqopo?

How are you feeling?	როგორ გრძნობთ თავს?
	rogor grdznobt tavs?
Are you all right?	თქვენ ყველაფერი წესრიგში გაქვთ?
	tkven qvelaperi ts'esrigshi gakvt?
What's happened?	რა მოხდა?
	ra mokhda?

I feel better now.	მე უკვე უკეთ ვარ.
	me uk've uk'et var.
It's OK.	ყველაფერი რიგზეა.
	qvelaperi rigzea.
It's all right.	ყველაფერი კარგად არის.
	qvelaperi k'argad aris.

At the pharmacy

pharmacy (drugstore)
აფთიაქი
aptiaki

24-hour pharmacy
სადღეღამისო აფთიაქი
sadgheghamiso aptiaki

Where is the closest pharmacy?
სად არის უახლოესი აფთიაქი?
sad aris uakhloesi aptiaki?

Is it open now?
ის ახლა ღიაა?
is akhla ghiaa?

At what time does it open?
რომელ საათზე იხსნება?
romel saatze ikhsneba?

At what time does it close?
რომელ საათამდე მუშაობს?
romel saatamde mushaobs?

Is it far?
ეს შორს არის?
es shors aris?

Can I get there on foot?
მე მივალ იქამდე ფეხით?
me mival ikamde pekhit?

Can you show me on the map?
მაჩვენეთ რუკაზე, თუ შეიძლება.
machvenet ruk'aze, tu sheidzleba.

Please give me something for ...
მომეცით რამე, ...-ის
mometsit rame, ...-is

a headache
თავის ტკივილის
tavis t'k'ivilis

a cough
ხველების
khvelebis

a cold
გაციების
gatsivebis

the flu
გრიპის
grip'is

a fever
სიცხის
sitskhis

a stomach ache
კუჭის ტკივილის
k'uch'is t'k'ivilis

nausea
გულისრევის
gulisrevis

diarrhea
დიარეის
diareis

constipation
კუჭში შეკრულობის
k'uch'shi shek'rulobis

pain in the back
ზურგის ტკივილი
zurgis t'k'ivili

chest pain	მკერდის ტკივილი mk'erdis t'k'ivili
side stitch	ტკივილი გვერდში t'k'ivili gverdshi
abdominal pain	ტკივილი მუცელში t'k'ivili mutselshi
pill	ტაბლეტი t'ablet'i
ointment, cream	მალამო, კრემი malamo, k'remi
syrup	სიროფი siropi
spray	სპრეი sp'rei
drops	წვეთები ts'vetebi
You need to go to the hospital.	თქვენ საავადმყოფოში უნდა იყოთ. tkven saavadmqoposhi unda iqot.
health insurance	დაზღვევა dazghveva
prescription	რეცეპტი retsep't'i
insect repellant	მწერების საწინააღმდეგო საშუალება mts'erebis sats'inaaghmdego sashualeba
Band Aid	ლეიკოპლასტირი leik'op'last'iri

The bare minimum

Excuse me, ...	უკაცრავად, ... uk'atsravad, ...
Hello.	გამარჯობა. gamarjoba.
Thank you.	გმადლობთ. gmadlobt.
Good bye.	ნახვამდის. nakhvamdis.
Yes.	დიახ. diakh.
No.	არა. ara.
I don't know.	არ ვიცი. ar vitsi.
Where? Where to? When?	სად? საით? როდის? sad? sait? rodis?
I need ...	მე მჭირდება... me mch'irdeba...
I want ...	მე მინდა ... me minda ...
Do you have ...?	თქვენ გაქვთ ...? tkven gakvt ...?
Is there a ... here?	აქ არის ... ? ak aris ... ?
May I ...?	შემიძლია... ? shemidzlia... ?
..., please (polite request)	თუ შეიძლება tu sheidzleba
I'm looking for ...	მე ვეძებ ... me vedzeb ...
the restroom	ტუალეტს t'ualet's
an ATM	ბანკომატს bank'omat's
a pharmacy (drugstore)	აფთიაქს aptiaks
a hospital	საავადმყოფოს saavadmqopos
the police station	პოლიციის განყოფილებას p'olitsiis ganqopilebas
the subway	მეტროს met'ros

68

a taxi	ტაქსს t'akss
the train station	რკინიგზის სადგურს rk'inigzis sadgurs

My name is …	მე მქვია ... me mkvia ...
What's your name?	რა გქვიათ? ra gkviat?
Could you please help me?	დამეხმარეთ, თუ შეიძლება. damekhmaret, tu sheidzleba.
I've got a problem.	პრობლემა მაქვს. p'roblema makvs.
I don't feel well.	ცუდად ვარ. tsudad var.
Call an ambulance!	გამოიძახეთ სასწრაფო! gamoidzakhet sasts'rapo!
May I make a call?	შემიძლია დავრეკო? shemidzlia davrek'o?

I'm sorry.	ბოდიშს გიხდით bodishs gikhdit
You're welcome.	არაფერს arapers

I, me	მე me
you (inform.)	შენ shen
he	ის is
she	ის is
they (masc.)	ისინი isini
they (fem.)	ისინი isini
we	ჩვენ chven
you (pl)	თქვენ tkven
you (sg, form.)	თქვენ tkven

ENTRANCE	შესასვლელი shesasvleli
EXIT	გასასვლელი gasasvleli
OUT OF ORDER	არ მუშაობს ar mushaobs
CLOSED	დაკეტილია dak'et'ilia

OPEN	ღიაა ghiaa
FOR WOMEN	ქალებისთვის kalebistvis
FOR MEN	მამაკაცებისთვის mamak'atsebistvis

T&P BOOKS

TOPICAL VOCABULARY

This section contains more than 3,000 of the most important words.
The dictionary will provide invaluable assistance while traveling abroad, because frequently individual words are enough for you to be understood.
The dictionary includes a convenient transcription of each foreign word

T&P Books Publishing

VOCABULARY CONTENTS

Basic concepts	73
Numbers. Miscellaneous	79
Colours. Units of measurement	83
Main verbs	87
Time. Calendar	93
Travel. Hotel	99
Transportation	103
City	109
Clothing & Accessories	117
Everyday experience	123
Meals. Restaurant	131
Personal information. Family	141
Human body. Medicine	145
Apartment	153
The Earth. Weather	159
Fauna	171
Flora	179
Countries of the world	185

T&P Books Publishing

BASIC CONCEPTS

1. Pronouns
2. Greetings. Salutations
3. Questions
4. Prepositions
5. Function words. Adverbs. Part 1
6. Function words. Adverbs. Part 2

T&P Books Publishing

1. Pronouns

I, me	მე	me
you	შენ	shen
he, she, it	ის	is
we	ჩვენ	chven
you (to a group)	თქვენ	tkven
they	ისინი	isini

2. Greetings. Salutations

Hello! (fam.)	გამარჯობა!	gamarjoba!
Hello! (form.)	გამარჯობათ!	gamarjobat!
Good morning!	დილა მშვიდობისა!	dila mshvidobisa!
Good afternoon!	დღე მშვიდობისა!	dghe mshvidobisa!
Good evening!	საღამო მშვიდობისა!	saghamo mshvidobisa!
to say hello	მისალმება	misalmeba
Hi! (hello)	სალამი!	salami!
greeting (n)	სალამი	salami
to greet (vt)	მისალმება	misalmeba
How are you?	როგორ ხარ?	rogor khar?
What's new?	რა არის ახალი?	ra aris akhali?
Bye-Bye! Goodbye!	ნახვამდის!	nakhvamdis!
See you soon!	მომავალ შეხვედრამდე!	momaval shekhvedramde!
Farewell!	მშვიდობით!	mshvidobit!
to say goodbye	გამომშვიდობება	gamomshvidobeba
So long!	კარგად!	k'argad!
Thank you!	გმადლობთ!	gmadlobt!
Thank you very much!	დიდი მადლობა!	didi madloba!
You're welcome	არაფრის	arapris
Don't mention it!	მადლობად არ ღირს	madlobad ar ghirs
It was nothing	არაფრის	arapris
Excuse me!	ბოდიში!	bodishi!
to excuse (forgive)	პატიება	p'at'ieba
to apologize (vi)	ბოდიშის მოხდა	bodishis mokhda
My apologies	ბოდიში	bodishi
I'm sorry!	მაპატიეთ!	map'at'iet!
to forgive (vt)	პატიება	p'at'ieba

| It's okay! (that's all right) | არა უშავს. | ara ushavs. |
| please (adv) | გეთაყვა | getaqva |

Don't forget!	არ დაგავიწყდეთ!	ar dagavits'qdet!
Certainly!	რა თქმა უნდა!	ra tkma unda!
Of course not!	რა თქმა უნდა, არა!	ra tkma unda, ara!
Okay! (I agree)	თანახმა ვარ!	tanakhma var!
That's enough!	საკმარისია!	sak'marisia!

3. Questions

Who?	ვინ?	vin?
What?	რა?	ra?
Where? (at, in)	სად?	sad?
Where (to)?	სად?	sad?
From where?	საიდან?	saidan?
When?	როდის?	rodis?
Why? (What for?)	რისთვის?	ristvis?
Why? (~ are you crying?)	რატომ?	rat'om?

What for?	რისთვის?	ristvis?
How? (in what way)	როგორ?	rogor?
What? (What kind of ...?)	როგორი?	rogori?
Which?	რომელი?	romeli?

To whom?	ვის?	vis?
About whom?	ვიზე?	vize?
About what?	რაზე?	raze?
With whom?	ვისთან ერთად?	vistan ertad?

| How many? How much? | რამდენი? | ramdeni? |
| Whose? | ვისი? | visi? |

4. Prepositions

with (accompanied by)	ერთად	ertad
without	გარეშე	gareshe
to (indicating direction)	-ში	-shi
about (talking ~ ...)	შესახებ	shesakheb
before (in time)	წინ	ts'in
in front of ...	წინ	ts'in
under (beneath, below)	ქვეშ	kvesh
above (over)	ზემოთ	zemot
on (atop)	-ზე	-ze
from (off, out of)	-დან	-dan
of (made from)	-გან	-gan
in (e.g., ~ ten minutes)	-ში	-shi
over (across the top of)	-ზე	-ze

5. Function words. Adverbs. Part 1

Where? (at, in)	სად?	sad?
here (adv)	აქ	ak
there (adv)	იქ	ik
somewhere (to be)	სადღაც	sadghats
nowhere (not in any place)	არსად	arsad
by (near, beside)	-თან	-tan
by the window	ფანჯარასთან	panjarastan
Where (to)?	სად?	sad?
here (e.g., come ~!)	აქ	ak
there (e.g., to go ~)	იქ	ik
from here (adv)	აქედან	akedan
from there (adv)	იქიდან	ikidan
close (adv)	ახლოს	akhlos
far (adv)	შორს	shors
near (e.g., ~ Paris)	გვერდით	gverdit
nearby (adv)	გვერდით	gverdit
not far (adv)	ახლო	akhlo
left (adj)	მარცხენა	martskhena
on the left	მარცხნივ	martskhniv
to the left	მარცხნივ	martskhniv
right (adj)	მარჯვენა	marjvena
on the right	მარჯვნივ	marjvniv
to the right	მარჯვნივ	marjvniv
in front (adv)	წინ	ts'in
front (as adj)	წინა	ts'ina
ahead (the kids ran ~)	წინ	ts'in
behind (adv)	უკან	uk'an
from behind	უკნიდან	uk'nidan
back (towards the rear)	უკან	uk'an
middle	შუა	shua
in the middle	შუაში	shuashi
at the side	გვერდიდან	gverdidan
everywhere (adv)	ყველგან	qvelgan
around (in all directions)	გარშემო	garshemo
from inside	შიგნიდან	shignidan
somewhere (to go)	სადღაც	sadghats
straight (directly)	პირდაპირ	p'irdap'ir

back (e.g., come ~)	უკან	uk'an
from anywhere	საიდანმე	saidanme
from somewhere	საიდანღაც	saidanghats
firstly (adv)	პირველ რიგში	p'irvel rigshi
secondly (adv)	მეორედ	meored
thirdly (adv)	მესამედ	mesamed
suddenly (adv)	უცებ	utseb
at first (in the beginning)	თავდაპირველად	tavdap'irvelad
for the first time	პირველად	p'irvelad
long before ...	დიდი ხნით ადრე	didi khnit adre
anew (over again)	ხელახლა	khelakhla
for good (adv)	სამუდამოდ	samudamod
never (adv)	არასდროს	arasdros
again (adv)	ისევ	isev
now (at present)	ახლა	akhla
often (adv)	ხშირად	khshirad
then (adv)	მაშინ	mashin
urgently (quickly)	სასწრაფოდ	sasts'rapod
usually (adv)	ჩვეულებრივად	chveulebrivad
by the way, ...	სხვათა შორის	skhvata shoris
possibly	შესაძლოა	shesadzloa
probably (adv)	ალბათ	albat
maybe (adv)	შეიძლება	sheidzleba
besides ...	ამას გარდა, ...	amas garda, ...
that's why ...	ამიტომ	amit'om
in spite of ...	მიუხედავად	miukhedavad
thanks to ...	წყალობით	ts'qalobit
what (pron.)	რა	ra
that (conj.)	რომ	rom
something	რაღაც	raghats
anything (something)	რაიმე	raime
nothing	არაფერი	araperi
who (pron.)	ვინ	vin
someone	ვიღაც	vighats
somebody	ვინმე	vinme
nobody	არავინ	aravin
nowhere (a voyage to ~)	არსად	arsad
nobody's	არავისი	aravisi
somebody's	ვინმესი	vinmesi
so (I'm ~ glad)	ასე	ase
also (as well)	აგრეთვე	agretve
too (as well)	-ც	-ts

6. Function words. Adverbs. Part 2

Why?	რატომ?	rat'om?
for some reason	რატომღაც	rat'omghats
because ...	იმიტომ, რომ ...	imit'om, rom ...
for some purpose	რატომღაც	rat'omghats
and	და	da
or	ან	an
but	მაგრამ	magram
for (e.g., ~ me)	-თვის	-tvis
too (~ many people)	მეტისმეტად	met'ismet'ad
only (exclusively)	მხოლოდ	mkholod
exactly (adv)	ზუსტად	zust'ad
about (more or less)	თითქმის	titkmis
approximately (adv)	დაახლოებით	daakhloebit
approximate (adj)	დაახლოებითი	daakhloebiti
almost (adv)	თითქმის	titkmis
the rest	დანარჩენი	danarcheni
each (adj)	ყოველი	qoveli
any (no matter which)	ნებისმიერი	nebismieri
many, much (a lot of)	ბევრი	bevri
many people	ბევრნი	bevrni
all (everyone)	ყველა	qvela
in return for ...	ნაცვლად	natsvlad
in exchange (adv)	ნაცვლად	natsvlad
by hand (made)	ხელით	khelit
hardly (negative opinion)	საეჭვოა	saech'voa
probably (adv)	ალბათ	albat
on purpose (intentionally)	განზრახ	ganzrakh
by accident (adv)	შემთხვევით	shemtkhvevit
very (adv)	ძალიან	dzalian
for example (adv)	მაგალითად	magalitad
between	შორის	shoris
among	შორის	shoris
so much (such a lot)	ამდენი	amdeni
especially (adv)	განსაკუთრებით	gansak'utrebit

NUMBERS.
MISCELLANEOUS

7. Cardinal numbers. Part 1
8. Cardinal numbers. Part 2
9. Ordinal numbers

T&P Books Publishing

7. Cardinal numbers. Part 1

0 zero	ნული	nuli
1 one	ერთი	erti
2 two	ორი	ori
3 three	სამი	sami
4 four	ოთხი	otkhi
5 five	ხუთი	khuti
6 six	ექვსი	ekvsi
7 seven	შვიდი	shvidi
8 eight	რვა	rva
9 nine	ცხრა	tskhra
10 ten	ათი	ati
11 eleven	თერთმეტი	tertmet'i
12 twelve	თორმეტი	tormet'i
13 thirteen	ცამეტი	tsamet'i
14 fourteen	თოთხმეტი	totkhmet'i
15 fifteen	თხუთმეტი	tkhutmet'i
16 sixteen	თექვსმეტი	tekvsmet'i
17 seventeen	ჩვიდმეტი	chvidmet'i
18 eighteen	თვრამეტი	tvramet'i
19 nineteen	ცხრამეტი	tskhramet'i
20 twenty	ოცი	otsi
21 twenty-one	ოცდაერთი	otsdaerti
22 twenty-two	ოცდაორი	otsdaori
23 twenty-three	ოცდასამი	otsdasami
30 thirty	ოცდაათი	otsdaati
31 thirty-one	ოცდათერთმეტი	otsdatertmet'i
32 thirty-two	ოცდათორმეტი	otsdatormet'i
33 thirty-three	ოცდაცამეტი	otsdatsamet'i
40 forty	ორმოცი	ormotsi
41 forty-one	ორმოცდაერთი	ormotsdaerti
42 forty-two	ორმოცდაორი	ormotsdaori
43 forty-three	ორმოცდასამი	ormotsdasami
50 fifty	ორმოცდაათი	ormotsdaati
51 fifty-one	ორმოცდათერთმეტი	ormotsdatertmet'i
52 fifty-two	ორმოცდათორმეტი	ormotsdatormet'i
53 fifty-three	ორმოცდაცამეტი	ormotsdatsamet'i
60 sixty	სამოცი	samotsi

| 61 sixty-one | სამოცდაერთი | samotsdaerti |
| 62 sixty-two | სამოცდაორი | samotsdaori |
| 63 sixty-three | სამოცდასამი | samotsdasami |//
70 seventy	სამოცდაათი	samotsdaati
71 seventy-one	სამოცდათერთმეტი	samotsdatertmet'i
72 seventy-two	სამოცდათორმეტი	samotsdatormet'i
73 seventy-three	სამოცდაცამეტი	samotsdatsamet'i

80 eighty	ოთხმოცი	otkhmotsi
81 eighty-one	ოთხმოცდაერთი	otkhmotsdaerti
82 eighty-two	ოთხმოცდაორი	otkhmotsdaori
83 eighty-three	ოთხმოცდასამი	otkhmotsdasami

90 ninety	ოთხმოცდაათი	otkhmotsdaati
91 ninety-one	ოთხმოცდათერთმეტი	otkhmotsdatertmet'i
92 ninety-two	ოთხმოცდათორმეტი	otkhmotsdatormet'i
93 ninety-three	ოთხმოცდაცამეტი	otkhmotsdatsamet'i

8. Cardinal numbers. Part 2

100 one hundred	ასი	asi
200 two hundred	ორასი	orasi
300 three hundred	სამასი	samasi
400 four hundred	ოთხასი	otkhasi
500 five hundred	ხუთასი	khutasi

600 six hundred	ექვსასი	ekvsasi
700 seven hundred	შვიდასი	shvidasi
800 eight hundred	რვაასი	rvaasi
900 nine hundred	ცხრაასი	tskhraasi

1000 one thousand	ათასი	atasi
2000 two thousand	ორი ათასი	ori atasi
3000 three thousand	სამი ათასი	sami atasi
10000 ten thousand	ათი ათასი	ati atasi
one hundred thousand	ასი ათასი	asi atasi
million	მილიონი	milioni
billion	მილიარდი	miliardi

9. Ordinal numbers

first (adj)	პირველი	p'irveli
second (adj)	მეორე	meore
third (adj)	მესამე	mesame
fourth (adj)	მეოთხე	meotkhe
fifth (adj)	მეხუთე	mekhute
sixth (adj)	მეექვსე	meekvse

seventh (adj)	მეშვიდე	meshvide
eighth (adj)	მერვე	merve
ninth (adj)	მეცხრე	metskhre
tenth (adj)	მეათე	meate

COLOURS. UNITS OF MEASUREMENT

10. Colors
11. Units of measurement
12. Containers

T&P Books Publishing

10. Colors

color	ფერი	peri
shade (tint)	ელფერი	elperi
hue	ტონი	t'oni
rainbow	ცისარტყელა	tsisart'qela
white (adj)	თეთრი	tetri
black (adj)	შავი	shavi
gray (adj)	რუხი	rukhi
green (adj)	მწვანე	mts'vane
yellow (adj)	ყვითელი	qviteli
red (adj)	წითელი	ts'iteli
blue (adj)	ლურჯი	lurji
light blue (adj)	ცისფერი	tsisperi
pink (adj)	ვარდისფერი	vardisperi
orange (adj)	ნარინჯისფერი	narinjisperi
violet (adj)	იისფერი	iisperi
brown (adj)	ყავისფერი	qavisperi
golden (adj)	ოქროსფერი	okrosperi
silvery (adj)	ვერცხლისფერი	vertskhlisperi
beige (adj)	ჩალისფერი	chalisperi
cream (adj)	კრემისფერი	k'remisperi
turquoise (adj)	ფირუზისფერი	piruzisperi
cherry red (adj)	ალუბლისფერი	alublisperi
lilac (adj)	ლილისფერი	lilisperi
crimson (adj)	ჟოლოსფერი	zholosperi
light (adj)	ღია ფერისა	ghia perisa
dark (adj)	მუქი	muki
bright, vivid (adj)	კაშკაშა	k'ashk'asha
colored (pencils)	ფერადი	peradi
color (e.g., ~ film)	ფერადი	peradi
black-and-white (adj)	შავ-თეთრი	shav-tetri
plain (one-colored)	ერთფეროვანი	ertperovani
multicolored (adj)	მრავალფეროვანი	mravalperovani

11. Units of measurement

weight	წონა	ts'ona
length	სიგრძე	sigrdze

width	სიგანე	sigane
height	სიმაღლე	simaghle
depth	სიღრმე	sighrme
volume	მოცულობა	motsuloba
area	ფართობი	partobi
gram	გრამი	grami
milligram	მილიგრამი	miligrami
kilogram	კილოგრამი	k'ilogrami
ton	ტონა	t'ona
pound	გირვანქა	girvanka
ounce	უნცია	untsia
meter	მეტრი	met'ri
millimeter	მილიმეტრი	milimet'ri
centimeter	სანტიმეტრი	sant'imet'ri
kilometer	კილომეტრი	k'ilomet'ri
mile	მილი	mili
inch	დუიმი	duimi
foot	ფუტი	put'i
yard	იარდი	iardi
square meter	კვადრატული მეტრი	k'vadrat'uli met'ri
hectare	ჰექტარი	hek't'ari
liter	ლიტრი	lit'ri
degree	გრადუსი	gradusi
volt	ვოლტი	volt'i
ampere	ამპერი	amp'eri
horsepower	ცხენის ძალა	tskhenis dzala
quantity	რაოდენობა	raodenoba
a little bit of …	ცოტაოდენი …	tsot'aodeni …
half	ნახევარი	nakhevari
dozen	დუჟინი	duzhini
piece (item)	ცალი	tsali
size	ზომა	zoma
scale (map ~)	მასშტაბი	massht'abi
minimal (adj)	მინიმალური	minimaluri
the smallest (adj)	უმცირესი	umtsiresi
medium (adj)	საშუალო	sashualo
maximal (adj)	მაქსიმალური	maksimaluri
the largest (adj)	უდიდესი	udidesi

12. Containers

canning jar (glass ~)	ქილა	kila
can	ქილა	kila

bucket	ვედრო	vedro
barrel	კასრი	k'asri
wash basin (e.g., plastic ~)	ტაშტი	t'asht'i
tank (100L water ~)	ბაკი	bak'i
hip flask	მათარა	matara
jerrycan	კანისტრა	k'anist'ra
tank (e.g., tank car)	ცისტერნა	tsist'erna
mug	კათხა	k'atkha
cup (of coffee, etc.)	ფინჯანი	pinjani
saucer	ლამბაქი	lambaki
glass (tumbler)	ჭიქა	ch'ika
wine glass	ბოკალი	bok'ali
stock pot (soup pot)	ქვაბი	kvabi
bottle (~ of wine)	ბოთლი	botli
neck (of the bottle, etc.)	ყელი	qeli
carafe (decanter)	გრაფინი	grapini
pitcher	დოქი	doki
vessel (container)	ჭურჭელი	ch'urch'eli
pot (crock, stoneware ~)	ქოთანი	kotani
vase	ლარნაკი	larnak'i
flacon, bottle (perfume ~)	ფლაკონი	plak'oni
vial, small bottle	შუშა	shusha
tube (of toothpaste)	ტუბი	t'ubi
sack (bag)	ტომარა	t'omara
bag (paper ~, plastic ~)	პაკეტი	p'ak'et'i
pack (of cigarettes, etc.)	შეკვრა	shek'vra
box (e.g., shoebox)	კოლოფი	k'olopi
crate	ყუთი	quti
basket	კალათი	k'alati

MAIN VERBS

13. The most important verbs. Part 1
14. The most important verbs. Part 2
15. The most important verbs. Part 3
16. The most important verbs. Part 4

T&P Books Publishing

13. The most important verbs. Part 1

to advise (vt)	რჩევა	rcheva
to agree (say yes)	დათანხმება	datankhmeba
to answer (vi, vt)	პასუხის გაცემა	p'asukhis gatsema
to apologize (vi)	ბოდიშის მოხდა	bodishis mokhda
to arrive (vi)	ჩამოსვლა	chamosvla
to ask (~ oneself)	კითხვა	k'itkhva
to ask (~ sb to do sth)	თხოვნა	tkhovna
to be (vi)	ყოფნა	qopna
to be afraid	შიში	shishi
to be interested in ...	დაინტერესება	daint'ereseba
to be needed	საჭიროება	sach'iroeba
to be surprised	გაკვირვება	gak'virveba
to begin (vt)	დაწყება	dats'qeba
to belong to ...	კუთვნება	k'utvneba
to boast (vi)	ტრაბახი	t'rabakhi
to break (split into pieces)	ტეხა	t'ekha
to call (~ for help)	დაძახება	dadzakheba
can (v aux)	შეძლება	shedzleba
to catch (vt)	ჭერა	ch'era
to change (vt)	შეცვლა	shetsvla
to choose (select)	არჩევა	archeva
to come down (the stairs)	ჩასვლა	chasvla
to compare (vt)	შედარება	shedareba
to complain (vi, vt)	ჩივილი	chivili
to confuse (mix up)	არევა	areva
to continue (vt)	გაგრძელება	gagrdzeleba
to control (vt)	კონტროლის გაწევა	k'ont'rolis gats'eva
to cook (dinner)	მზადება	mzadeba
to cost (vt)	ღირება	ghireba
to count (add up)	დათვლა	datvla
to count on ...	იმედის ქონა	imedis kona
to create (vt)	შექმნა	shekmna
to cry (weep)	ტირილი	t'irili

14. The most important verbs. Part 2

| to deceive (vi, vt) | მოტყუება | mot'queba |
| to decorate (tree, street) | მორთვა | mortva |

to defend (a country, etc.)	დაცვა	datsva
to demand (request firmly)	მოთხოვნა	motkhovna
to dig (vt)	თხრა	tkhra
to discuss (vt)	განხილვა	gankhilva
to do (vt)	კეთება	k'eteba
to doubt (have doubts)	დაეჭვება	daech'veba
to drop (let fall)	ხელიდან გავარდნა	khelidan gavardna
to enter (room, house, etc.)	შემოსვლა	shemosvla
to exist (vi)	არსებობა	arseboba
to expect (foresee)	გათვალისწინება	gatvalists'ineba
to explain (vt)	ახსნა	akhsna
to fall (vi)	ვარდნა	vardna
to find (vt)	პოვნა	p'ovna
to finish (vt)	დამთავრება	damtavreba
to fly (vi)	ფრენა	prena
to follow ... (come after)	მიდევნა	midevna
to forget (vi, vt)	დავიწყება	davits'qeba
to forgive (vt)	პატიება	p'at'ieba
to give (vt)	მიცემა	mitsema
to give a hint	კარნახი	k'arnakhi
to go (on foot)	სვლა	svla
to go for a swim	ბანაობა	banaoba
to go out (for dinner, etc.)	გამოსვლა	gamosvla
to guess (the answer)	გამოცნობა	gamotsnoba
to have (anim.)	ყოლა	qola
to have (inanim.)	ქონა	kona
to have breakfast	საუზმობა	sauzmoba
to have dinner	ვახშმობა	vakhshmoba
to have lunch	სადილობა	sadiloba
to hear (vt)	სმენა	smena
to help (vt)	დახმარება	dakhmareba
to hide (vt)	დამალვა	damalva
to hope (vi, vt)	იმედოვნება	imedovneba
to hunt (vi, vt)	ნადირობა	nadiroba
to hurry (vi)	აჩქარება	achkareba

15. The most important verbs. Part 3

to inform (vt)	ინფორმირება	inpormireba
to insist (vi, vt)	დაჟინება	dazhineba
to insult (vt)	შეურაცხყოფა	sheuratskhqopa
to invite (vt)	მოწვევა	mots'veva

to joke (vi)	ხუმრობა	khumroba
to keep (vt)	შენახვა	shenakhva
to keep silent, to hush	დუმილი	dumili
to kill (vt)	მოკვლა	mok'vla
to know (sb)	ცნობა	tsnoba
to know (sth)	ცოდნა	tsodna
to laugh (vi)	სიცილი	sitsili
to liberate (city, etc.)	გათავისუფლება	gatavisupleba
to like (I like …)	მოწონება	mots'oneba
to look for … (search)	ძებნა	dzebna
to love (sb)	სიყვარული	siqvaruli
to make a mistake	შეცდომა	shetsdoma
to manage, to run	ხელმძღვანელობა	khelmdzghvaneloba
to mean (signify)	აღნიშვნა	aghnishvna
to mention (talk about)	ხსენება	khseneba
to miss (school, etc.)	გაცდენა	gatsdena
to notice (see)	შენიშვნა	shenishvna
to object (vi, vt)	წინააღმდეგ ყოფნა	ts'inaaghmdeg qopna
to observe (see)	დაკვირვება	dak'virveba
to open (vt)	გაღება	gagheba
to order (meal, etc.)	შეკვეთა	shek'veta
to order (mil.)	ბრძანება	brdzaneba
to own (possess)	ფლობა	ploba
to participate (vi)	მონაწილეობა	monats'ileoba
to pay (vi, vt)	გადახდა	gadakhda
to permit (vt)	ნების დართვა	nebis dartva
to plan (vt)	დაგეგმვა	dagegmva
to play (children)	თამაში	tamashi
to pray (vi, vt)	ლოცვა	lotsva
to prefer (vt)	მჯობინება	mjobineba
to promise (vt)	დაპირება	dap'ireba
to pronounce (vt)	წარმოთქმა	ts'armotkma
to propose (vt)	შეთავაზება	shetavazeba
to punish (vt)	დასჯა	dasja

16. The most important verbs. Part 4

to read (vi, vt)	კითხვა	k'itkhva
to recommend (vt)	რეკომენდაციის მიცემა	rek'omendatsiis mitsema
to refuse (vi, vt)	უარის თქმა	uaris tkma
to regret (be sorry)	სინანული	sinanuli
to rent (sth from sb)	დაქირავება	dakiraveba
to repeat (say again)	გამეორება	gameoreba
to reserve, to book	რეზერვირება	rezervireba

to run (vi)	გაქცევა	gaktseva
to save (rescue)	გადარჩენა	gadarchena
to say (~ thank you)	თქმა	tkma

to scold (vt)	ლანძღვა	landzghva
to see (vt)	ხედვა	khedva
to sell (vt)	გაყიდვა	gaqidva
to send (vt)	გაგზავნა	gagzavna
to shoot (vi)	სროლა	srola

to shout (vi)	ყვირილი	qvirili
to show (vt)	ჩვენება	chveneba
to sign (document)	ხელის მოწერა	khelis mots'era
to sit down (vi)	დაჯდომა	dajdoma

to smile (vi)	გაღიმება	gaghimeba
to speak (vi, vt)	ლაპარაკი	lap'arak'i
to steal (money, etc.)	პარვა	p'arva
to stop (for pause, etc.)	გაჩერება	gachereba
to stop (please ~ calling me)	შეწყვეტა	shets'qvet'a

to study (vt)	შესწავლა	shests'avla
to swim (vi)	ცურვა	tsurva
to take (vt)	აღება	agheba
to think (vi, vt)	ფიქრი	pikri
to threaten (vt)	დამუქრება	damukreba

to touch (with hands)	ხელის ხლება	khelis khleba
to translate (vt)	თარგმნა	targmna
to trust (vt)	ნდობა	ndoba
to try (attempt)	ცდა	tsda
to turn (e.g., ~ left)	მობრუნება	mobruneba

to underestimate (vt)	არშეფასება	arshepaseba
to understand (vt)	გაგება	gageba
to unite (vt)	გაერთიანება	gaertianeba
to wait (vt)	ლოდინი	lodini

to want (wish, desire)	ნდომა	ndoma
to warn (vt)	გაფრთხილება	gaprtkhileba
to work (vi)	მუშაობა	mushaoba
to write (vt)	წერა	ts'era
to write down	ჩაწერა	chats'era

TIME. CALENDAR

17. Weekdays
18. Hours. Day and night
19. Months. Seasons

T&P Books Publishing

17. Weekdays

Monday	ორშაბათი	orshabati
Tuesday	სამშაბათი	samshabati
Wednesday	ოთხშაბათი	otkhshabati
Thursday	ხუთშაბათი	khutshabati
Friday	პარასკევი	p'arask'evi
Saturday	შაბათი	shabati
Sunday	კვირა	k'vira

today (adv)	დღეს	dghes
tomorrow (adv)	ხვალ	khval
the day after tomorrow	ზეგ	zeg
yesterday (adv)	გუშინ	gushin
the day before yesterday	გუშინწინ	gushints'in

day	დღე	dghe
working day	სამუშაო დღე	samushao dghe
public holiday	სადღესასწაულო დღე	sadghesasts'aulo dghe
day off	დასვენების დღე	dasvenebis dghe
weekend	დასვენების დღეები	dasvenebis dgheebi

all day long	მთელი დღე	mteli dghe
the next day (adv)	მომდევნო დღეს	momdevno dghes
two days ago	ორი დღის წინ	ori dghis ts'in
the day before	წინადღეს	ts'inadghes
daily (adj)	ყოველდღიური	qoveldghiuri
every day (adv)	ყოველდღიურად	qoveldghiurad

week	კვირა	k'vira
last week (adv)	გასულ კვირას	gasul k'viras
next week (adv)	მომდევნო კვირას	momdevno k'viras
weekly (adj)	ყოველკვირეული	qovelk'vireuli
every week (adv)	ყოველკვირეულად	qovelk'vireulad
twice a week	კვირაში ორჯერ	k'virashi orjer
every Tuesday	ყოველ სამშაბათს	qovel samshabats

18. Hours. Day and night

morning	დილა	dila
in the morning	დილით	dilit
noon, midday	შუადღე	shuadghe
in the afternoon	სადილის შემდეგ	sadilis shemdeg
evening	საღამო	saghamo

in the evening	საღამოს	saghamos
night	ღამე	ghame
at night	ღამით	ghamit
midnight	შუაღამე	shuaghame
second	წამი	ts'ami
minute	წუთი	ts'uti
hour	საათი	saati
half an hour	ნახევარი საათი	nakhevari saati
a quarter-hour	თხუთმეტი წუთი	tkhutmet'i ts'uti
fifteen minutes	თხუთმეტი წუთი	tkhutmet'i ts'uti
24 hours	დღე-ღამე	dghe-ghame
sunrise	მზის ამოსვლა	mzis amosvla
dawn	განთიადი	gantiadi
early morning	ადრიანი დილა	adriani dila
sunset	მზის ჩასვლა	mzis chasvla
early in the morning	დილით ადრე	dilit adre
this morning	დღეს დილით	dghes dilit
tomorrow morning	ხვალ დილით	khval dilit
this afternoon	დღეს	dghes
in the afternoon	სადილის შემდეგ	sadilis shemdeg
tomorrow afternoon	ხვალ სადილის შემდეგ	khval sadilis shemdeg
tonight (this evening)	დღეს საღამოს	dghes saghamos
tomorrow night	ხვალ საღამოს	khval saghamos
at 3 o'clock sharp	ზუსტად სამ საათზე	zust'ad sam saatze
about 4 o'clock	დაახლოებით ოთხი საათი	daakhloebit otkhi saati
by 12 o'clock	თორმეტი საათისთვის	tormet'i saatistvis
in 20 minutes	ოც წუთში	ots ts'utshi
in an hour	ერთ საათში	ert saatshi
on time (adv)	დროულად	droulad
a quarter to ...	თხუთმეტი წუთი აკლია	tkhutmet'i ts'uti ak'lia
within an hour	საათის განმავლობაში	saatis ganmavlobashi
every 15 minutes	ყოველ თხუთმეტ წუთში	qovel tkhutmet' ts'utshi
round the clock	დღე-ღამის განმავლობაში	dghe-ghamis ganmavlobashi

19. Months. Seasons

January	იანვარი	ianvari
February	თებერვალი	tebervali
March	მარტი	mart'i
April	აპრილი	ap'rili

| May | მაისი | maisi |
| June | ივნისი | ivnisi |

July	ივლისი	ivlisi
August	აგვისტო	agvist'o
September	სექტემბერი	sekt'emberi
October	ოქტომბერი	okt'omberi
November	ნოემბერი	noemberi
December	დეკემბერი	dek'emberi

spring	გაზაფხული	gazapkhuli
in spring	გაზაფხულზე	gazapkhulze
spring (as adj)	გაზაფხულისა	gazapkhulisa

summer	ზაფხული	zapkhuli
in summer	ზაფხულში	zapkhulshi
summer (as adj)	ზაფხულისა	zapkhulisa

fall	შემოდგომა	shemodgoma
in fall	შემოდგომაზე	shemodgomaze
fall (as adj)	შემოდგომისა	shemodgomisa

winter	ზამთარი	zamtari
in winter	ზამთარში	zamtarshi
winter (as adj)	ზამთრის	zamtris

month	თვე	tve
this month	ამ თვეში	am tveshi
next month	მომდევნო თვეს	momdevno tves
last month	გასულ თვეს	gasul tves

a month ago	ერთი თვის წინ	erti tvis ts'in
in a month (a month later)	ერთი თვის შემდეგ	erti tvis shemdeg
in 2 months (2 months later)	ორი თვის შემდეგ	ori tvis shemdeg
the whole month	მთელი თვე	mteli tve
all month long	მთელი თვე	mteli tve

monthly (~ magazine)	ყოველთვიური	qoveltviuri
monthly (adv)	ყოველთვიურად	qoveltviurad
every month	ყოველ თვე	qovel tve
twice a month	თვეში ორჯერ	tveshi orjer

year	წელი	ts'eli
this year	წელს	ts'els
next year	მომავალ წელს	momaval ts'els
last year	შარშან	sharshan

a year ago	ერთი წლის წინ	erti ts'lis ts'in
in a year	ერთი წლის შემდეგ	erti ts'lis shemdeg
in two years	ორი წლის შემდეგ	ori ts'lis shemdeg
the whole year	მთელი წელი	mteli ts'eli

all year long	მთელი წელი	mteli ts'eli
every year	ყოველ წელს	qovel ts'els
annual (adj)	ყოველწლიური	qovelts'liuri
annually (adv)	ყოველწლიურად	qovelts'liurad
4 times a year	წელიწადში ოთხჯერ	ts'elits'adshi otkhjer

date (e.g., today's ~)	რიცხვი	ritskhvi
date (e.g., ~ of birth)	თარიღი	tarighi
calendar	კალენდარი	k'alendari

half a year	ნახევარი წელი	nakhevari ts'eli
six months	ნახევარწელი	nakhevarts'eli
season (summer, etc.)	სეზონი	sezoni
century	საუკუნე	sauk'une

TRAVEL. HOTEL

20. Trip. Travel
21. Hotel
22. Sightseeing

T&P Books Publishing

20. Trip. Travel

tourism, travel	ტურიზმი	t'urizmi
tourist	ტურისტი	t'urist'i
trip, voyage	მოგზაურობა	mogzauroba
adventure	თავგადასავალი	tavgadasavali
trip, journey	ხანმოკლე მოგზაურობა	khanmok'le mogzauroba
vacation	შვებულება	shvebuleba
to be on vacation	შვებულებაში ყოფნა	shvebulebashi qopna
rest	დასვენება	dasveneba
train	მატარებელი	mat'arebeli
by train	მატარებლით	mat'areblit
airplane	თვითმფრინავი	tvitmprinavi
by airplane	თვითმფრინავით	tvitmprinavit
by car	ავტომობილით	avt'omobilit
by ship	გემით	gemit
luggage	ბარგი	bargi
suitcase	ჩემოდანი	chemodani
luggage cart	ურიკა	urik'a
passport	პასპორტი	p'asp'ort'i
visa	ვიზა	viza
ticket	ბილეთი	bileti
air ticket	ავიაბილეთი	aviabileti
guidebook	მეგზური	megzuri
map (tourist ~)	რუკა	ruk'a
area (rural ~)	ადგილი	adgili
place, site	ადგილი	adgili
exotica (n)	ეგზოტიკა	egzot'ik'a
exotic (adj)	ეგზოტიკური	egzot'ik'uri
amazing (adj)	საოცარი	saotsari
group	ჯგუფი	jgupi
excursion, sightseeing tour	ექსკურსია	eksk'ursia
guide (person)	ექსკურსიის მძღოლი	eksk'ursiis mdzgholi

21. Hotel

hotel	სასტუმრო	sast'umro
motel	მოტელი	mot'eli

three-star (~ hotel)	სამი ვარსკვლავი	sami varsk'vlavi
five-star	ხუთი ვარსკვლავი	khuti varsk'vlavi
to stay (in a hotel, etc.)	გაჩერება	gachereba
room	ნომერი	nomeri
single room	ერთადგილიანი ნომერი	ertadgiliani nomeri
double room	ორადგილიანი ნომერი	oradgiliani nomeri
to book a room	ნომერის დაჯავშნა	nomeris dajavshna
half board	ნახევარპანსიონი	nakhevarp'ansioni
full board	სრული პანსიონი	sruli p'ansioni
with bath	სააბაზანოთი	saabazanoti
with shower	შხაპით	shkhap'it
satellite television	თანამგზავრული ტელევიზია	tanamgzavruli t'elevizia
air-conditioner	კონდიციონერი	k'onditsioneri
towel	პირსახოცი	p'irsakhotsi
key	გასაღები	gasaghebi
administrator	ადმინისტრატორი	administ'rat'ori
chambermaid	მოახლე	moakhle
porter, bellboy	მებარგული	mebarguli
doorman	პორტიე	p'ort'ie
restaurant	რესტორანი	rest'orani
pub, bar	ბარი	bari
breakfast	საუზმე	sauzme
dinner	ვახშამი	vakhshami
buffet	შვედური მაგიდა	shveduri magida
lobby	ვესტიბიული	vest'ibiuli
elevator	ლიფტი	lipt'i
DO NOT DISTURB	ნუ შემაწუხებთ	nu shemats'ukhebt
NO SMOKING	ნუ მოსწევთ!	nu mosts'evt!

22. Sightseeing

monument	ძეგლი	dzegli
fortress	ციხე-სიმაგრე	tsikhe-simagre
palace	სასახლე	sasakhle
castle	ციხე-დარბაზი	tsikhe-darbazi
tower	კოშკი	k'oshk'i
mausoleum	მავზოლეუმი	mavzoleumi
architecture	არქიტექტურა	arkit'ekt'ura
medieval (adj)	შუა საუკუნეებისა	shua sauk'uneebisa
ancient (adj)	ძველებური	dzveleburi
national (adj)	ეროვნული	erovnuli

famous (monument, etc.)	ცნობილი	tsnobili
tourist	ტურისტი	t'urist'i
guide (person)	გიდი	gidi
excursion, sightseeing tour	ექსკურსია	eksk'ursia
to show (vt)	ჩვენება	chveneba
to tell (vt)	მოთხრობა	motkhroba
to find (vt)	პოვნა	p'ovna
to get lost (lose one's way)	დაკარგვა	dak'argva
map (e.g., subway ~)	სქემა	skema
map (e.g., city ~)	გეგმა	gegma
souvenir, gift	სუვენირი	suveniri
gift shop	სუვენირების მაღაზია	suvenirebis maghazia
to take pictures	სურათის გადაღება	suratis gadagheba
to have one's picture taken	სურათის გადაღება	suratis gadagheba

TRANSPORTATION

23. Airport
24. Airplane
25. Train
26. Ship

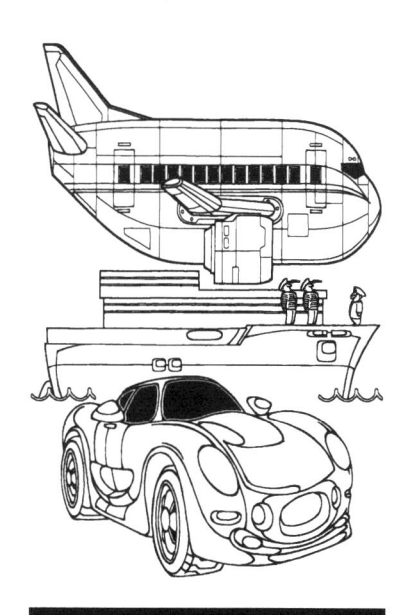

T&P Books Publishing

23. Airport

airport	აეროპორტი	aerop'ort'i
airplane	თვითმფრინავი	tvitmprinavi
airline	ავიაკომპანია	aviak'omp'ania
air traffic controller	დისპეჩერი	disp'echeri
departure	გაფრენა	gaprena
arrival	მოფრენა	moprena
to arrive (by plane)	მოფრენა	moprena
departure time	გაფრენის დრო	gaprenis dro
arrival time	მოფრენის დრო	moprenis dro
to be delayed	დაგვიანება	dagvianeba
flight delay	გაფრენის დაგვიანება	gaprenis dagvianeba
information board	საინფორმაციო ტაბლო	sainpormatsio t'ablo
information	ინფორმაცია	inpormatsia
to announce (vt)	გამოცხადება	gamotskhadeba
flight (e.g., next ~)	რეისი	reisi
customs	საბაჟო	sabazho
customs officer	მებაჟე	mebazhe
customs declaration	დეკლარაცია	dek'laratsia
to fill out the declaration	დეკლარაციის შევსება	dek'laratsiis shevseba
passport control	საპასპორტო კონტროლი	sap'asp'ort'o k'ont'roli
luggage	ბარგი	bargi
hand luggage	ხელის ბარგი	khelis bargi
luggage cart	ურიკა	urik'a
landing	დაჯდომა	dajdoma
landing strip	დასაფრენი ზოლი	dasapreni zoli
to land (vi)	დაჯდომა	dajdoma
airstair (passenger stair)	ტრაპი	t'rap'i
check-in	რეგისტრაცია	regist'ratsia
check-in counter	სარეგისტრაციო დგარი	saregist'ratsio dgari
to check-in (vi)	დარეგისტრირება	daregist'rireba
boarding pass	ჩასაჯდომი ტალონი	chasajdomi t'aloni
departure gate	გასვლა	gasvla
transit	ტრანზიტი	t'ranzit'i
to wait (vt)	ლოდინი	lodini

departure lounge	მოსაცდელი დარბაზი	mosatsdeli darbazi
to see off	გაცილება	gatsileba
to say goodbye	გამომშვიდობება	gamomshvidobeba

24. Airplane

airplane	თვითმფრინავი	tvitmprinavi
air ticket	ავიაბილეთი	aviabileti
airline	ავიაკომპანია	aviak'omp'ania
airport	აეროპორტი	aerop'ort'i
supersonic (adj)	ზებგერითი	zebgeriti
captain	ხომალდის მეთაური	khomaldis metauri
crew	ეკიპაჟი	ek'ip'azhi
pilot	პილოტი	p'ilot'i
flight attendant (fem.)	სტიუარდესა	st'iuardesa
navigator	შტურმანი	sht'urmani
wings	ფრთები	prtebi
tail	კუდი	k'udi
cockpit	კაბინა	k'abina
engine	ძრავი	dzravi
undercarriage (landing gear)	შასი	shasi
turbine	ტურბინა	t'urbina
propeller	პროპელერი	p'rop'eleri
black box	შავი ყუთი	shavi quti
yoke (control column)	საჭევრი	sach'evri
fuel	საწვავი	sats'vavi
safety card	ინსტრუქცია	inst'ruktsia
oxygen mask	ჟანგბადის ნიღაბი	zhangbadis nighabi
uniform	უნიფორმა	uniporma
life vest	სამაშველო ჟილეტი	samashvelo zhilet'i
parachute	პარაშუტი	p'arashut'i
takeoff	აფრენა	aprena
to take off (vi)	აფრენა	aprena
runway	ასაფრენი ზოლი	asapreni zoli
visibility	ხილვადობა	khilvadoba
flight (act of flying)	ფრენა	prena
altitude	სიმაღლე	simaghle
air pocket	ჰაერის ორმო	haeris ormo
seat	ადგილი	adgili
headphones	საყურისი	saqurisi
folding tray (tray table)	გადასაწევი მაგიდა	gadasats'evi magida
airplane window	ილუმინატორი	iluminat'ori
aisle	გასასვლელი	gasasvleli

25. Train

train	მატარებელი	mat'arebeli
commuter train	ელექტრომატარებელი	elekt'romat'arebeli
express train	ჩქაროსნული მატარებელი	chkarosnuli mat'arebeli
diesel locomotive	თბომავალი	tbomavali
steam locomotive	ორთქლმავალი	ortklmavali
passenger car	ვაგონი	vagoni
dining car	ვაგონი-რესტორანი	vagoni-rest'orani
rails	რელსი	relsi
railroad	რკინიგზა	rk'inigza
railway tie	შპალი	shp'ali
platform (railway ~)	პლატფორმა	p'latporma
track (~ 1, 2, etc.)	ლიანდაგი	liandagi
semaphore	სემაფორი	semapori
station	სადგური	sadguri
engineer (train driver)	მემანქანე	memankane
porter (of luggage)	მებარგული	mebarguli
car attendant	გამყოლი	gamqoli
passenger	მგზავრი	mgzavri
conductor (ticket inspector)	კონტროლიორი	k'ont'roliori
corridor (in train)	დერეფანი	derepani
emergency brake	სტოპ-კრანი	st'op'-k'rani
compartment	კუპე	k'up'e
berth	თარო	taro
upper berth	ზედა თარო	zeda taro
lower berth	ქვედა თარო	kveda taro
bed linen, bedding	თეთრეული	tetreuli
ticket	ბილეთი	bileti
schedule	განრიგი	ganrigi
information display	ტაბლო	t'ablo
to leave, to depart	გასვლა	gasvla
departure (of train)	გამგზავრება	gamgzavreba
to arrive (ab. train)	ჩამოსვლა	chamosvla
arrival	ჩამოსვლა	chamosvla
to arrive by train	მატარებლით მოსვლა	mat'areblit mosvla
to get on the train	მატარებელში ჩაჯდომა	mat'arebelshi chajdoma
to get off the train	მატარებლიდან ჩამოსვლა	mat'areblidan chamosvla
train wreck	მარცხი	martskhi
to derail (vi)	რელსებიდან გადასვლა	relsebidan gadasvla

steam locomotive	ორთქლმავალი	ortklmavali
stoker, fireman	ცეცხლფარეში	tsetskhlpareshi
firebox	საცეცხლე	satsetskhle
coal	ნახშირი	nakhshiri

26. Ship

| ship | გემი | gemi |
| vessel | ხომალდი | khomaldi |

steamship	ორთქლმავალი	ortklmavali
riverboat	თბომავალი	tbomavali
cruise ship	ლაინერი	laineri
cruiser	კრეისერი	k'reiseri

yacht	იახტა	iakht'a
tugboat	ბუქსირი	buksiri
barge	ბარჟა	barzha
ferry	ბორანი	borani

| sailing ship | იალქნიანი გემი | ialkniani gemi |
| brigantine | ბრიგანტინა | brigant'ina |

| ice breaker | ყინულმჭრელი | qinulmch'reli |
| submarine | წყალქვეშა ნავი | ts'qalkvesha navi |

boat (flat-bottomed ~)	ნავი	navi
dinghy (lifeboat)	კანჯო	k'anjo
lifeboat	მაშველი კანჯო	mashveli k'anjo
motorboat	კატარღა	k'at'argha

captain	კაპიტანი	k'ap'it'ani
seaman	მატროსი	mat'rosi
sailor	მეზღვაური	mezghvauri
crew	ეკიპაჟი	ek'ip'azhi

boatswain	ბოცმანი	botsmani
ship's boy	იუნგა	iunga
cook	კოკი	k'ok'i
ship's doctor	გემის ექიმი	gemis ekimi

deck	გემბანი	gembani
mast	ანძა	andza
sail	იალქანი	ialkani

hold	ტრიუმი	t'riumi
bow (prow)	ცხვირი	tskhviri
stern	კიჩო	k'icho
oar	ნიჩაბი	nichabi
screw propeller	ხრახნი	khrakhni

cabin	კაიუტა	k'aiut'a
wardroom	კაიუტკომპანია	k'aiut'k'omp'ania
engine room	სამანქანო განყოფილება	samankano ganqopileba
bridge	კაპიტნის ხიდურა	k'ap'it'nis khidura
radio room	რადიოჯიხური	radiojikhuri
wave (radio)	ტალღა	t'algha
logbook	გემის ჟურნალი	gemis zhurnali
spyglass	ჭოგრი	ch'ogri
bell	ზარი	zari
flag	დროშა	drosha
hawser (mooring ~)	ბაგირი	bagiri
knot (bowline, etc.)	კვანძი	k'vandzi
deckrails	სახელური	sakheluri
gangway	ტრაპი	t'rap'i
anchor	ღუზა	ghuza
to weigh anchor	ღუზის ამოწევა	ghuzis amots'eva
to drop anchor	ღუზის ჩაშვება	ghuzis chashveba
anchor chain	ღუზის ჯაჭვი	ghuzis jach'vi
port (harbor)	ნავსადგური	navsadguri
quay, wharf	მისადგომი	misadgomi
to berth (moor)	მიდგომა	midgoma
to cast off	ნაპირს მოცილება	nap'irs motsileba
trip, voyage	მოგზაურობა	mogzauroba
cruise (sea trip)	კრუიზი	k'ruizi
course (route)	კურსი	k'ursi
route (itinerary)	მარშრუტი	marshrut'i
fairway (safe water channel)	ფარვატერი	parvat'eri
shallows	თავთხელი	tavtkheli
to run aground	თავთხელზე დაჯდომა	tavtkhelze dajdoma
storm	ქარიშხალი	karishkhali
signal	სიგნალი	signali
to sink (vi)	ჩაძირვა	chadzirva
Man overboard!	ადამიანი ბორტს იქით!	adamiani bort's ikit!
SOS (distress signal)	სოს	sos
ring buoy	საშველი რგოლი	sashveli rgoli

CITY

27. Urban transportation
28. City. Life in the city
29. Urban institutions
30. Signs
31. Shopping

T&P Books Publishing

27. Urban transportation

bus	ავტობუსი	avt'obusi
streetcar	ტრამვაი	t'ramvai
trolley bus	ტროლეიბუსი	t'roleibusi
route (of bus, etc.)	მარშრუტი	marshrut'i
number (e.g., bus ~)	ნომერი	nomeri
to go by ...	მგზავრობა	mgzavroba
to get on (~ the bus)	ჩაჯდომა	chajdoma
to get off ...	ჩამოსვლა	chamosvla
stop (e.g., bus ~)	გაჩერება	gachereba
next stop	შემდეგი გაჩერება	shemdegi gachereba
terminus	ბოლო გაჩერება	bolo gachereba
schedule	განრიგი	ganrigi
to wait (vt)	ლოდინი	lodini
ticket	ბილეთი	bileti
fare	ბილეთის ღირებულება	biletis ghirebuleba
cashier (ticket seller)	მოლარე	molare
ticket inspection	კონტროლი	k'ont'roli
ticket inspector	კონტროლიორი	k'ont'roliori
to be late (for ...)	დაგვიანება	dagvianeba
to miss (~ the train, etc.)	დაგვიანება	dagvianeba
to be in a hurry	აჩქარება	achkareba
taxi, cab	ტაქსი	t'aksi
taxi driver	ტაქსისტი	t'aksist'i
by taxi	ტაქსით	t'aksit
taxi stand	ტაქსის სადგომი	t'aksis sadgomi
to call a taxi	ტაქსის გამოძახება	t'aksis gamodzakheba
to take a taxi	ტაქსის აყვანა	t'aksis aqvana
traffic	ქუჩაში მოძრაობა	kuchashi modzraoba
traffic jam	საცობი	satsobi
rush hour	პიკის საათები	p'ik'is saatebi
to park (vi)	პარკირება	p'ark'ireba
to park (vt)	პარკირება	p'ark'ireba
parking lot	სადგომი	sadgomi
subway	მეტრო	met'ro
station	სადგური	sadguri
to take the subway	მეტროთი მგზავრობა	met'roti mgzavroba

| train | მატარებელი | mat'arebeli |
| train station | ვაგზალი | vagzali |

28. City. Life in the city

city, town	ქალაქი	kalaki
capital city	დედაქალაქი	dedakalaki
village	სოფელი	sopeli

city map	ქალაქის გეგმა	kalakis gegma
downtown	ქალაქის ცენტრი	kalakis tsent'ri
suburb	გარეუბანი	gareubani
suburban (adj)	გარეუბნისა	gareubnisa

outskirts	გარეუბანი	gareubani
environs (suburbs)	მიდამოები	midamoebi
city block	კვარტალი	k'vart'ali
residential block (area)	საცხოვრებელი კვარტალი	satskhovrebeli k'vart'ali

traffic	ქუჩაში მოძრაობა	kuchashi modzraoba
traffic lights	შუქნიშანი	shuknishani
public transportation	ქალაქის ტრანსპორტი	kalakis t'ransp'ort'i
intersection	გზაჯვარედინი	gzajvaredini

crosswalk	საქვეითო გადასასვლელი	sakveito gadasasvleli
pedestrian underpass	მიწისქვეშა გადასასვლელი	mits'iskvesha gadasasvleli
to cross (~ the street)	გადასვლა	gadasvla
pedestrian	ფეხით მოსიარულე	pekhit mosiarule
sidewalk	ტროტუარი	t'rot'uari

| bridge | ხიდი | khidi |
| embankment (river walk) | სანაპირო | sanap'iro |

allée (garden walkway)	ხეივანი	kheivani
park	პარკი	p'ark'i
boulevard	ბულვარი	bulvari
square	მოედანი	moedani
avenue (wide street)	გამზირი	gamziri
street	ქუჩა	kucha
side street	შესახვევი	shesakhvevi
dead end	ჩიხი	chikhi

house	სახლი	sakhli
building	შენობა	shenoba
skyscraper	ცათამბჯენი	tsatambjeni

facade	ფასადი	pasadi
roof	სახურავი	sakhuravi
window	ფანჯარა	panjara

arch	თაღი	taghi
column	სვეტი	svet'i
corner	კუთხე	k'utkhe
store window	ვიტრინა	vit'rina
signboard (store sign, etc.)	აბრა	abra
poster (e.g., playbill)	აფიშა	apisha
advertising poster	სარეკლამო პლაკატი	sarek'lamo p'lak'at'i
billboard	სარეკლამო ფარი	sarek'lamo pari
garbage, trash	ნაგავი	nagavi
trash can (public ~)	ურნა	urna
to litter (vi)	მონაგვიანება	monagvianeba
garbage dump	ნაგავსაყრელი	nagavsaqreli
phone booth	სატელეფონო ჯიხური	sat'elepono jikhuri
lamppost	ფარნის ბოძი	parnis bodzi
bench (park ~)	სკამი	sk'ami
police officer	პოლიციელი	p'olitsieli
police	პოლიცია	p'olitsia
beggar	მათხოვარი	matkhovari
homeless (n)	უსახლკარო	usakhlk'aro

29. Urban institutions

store	მაღაზია	maghazia
drugstore, pharmacy	აფთიაქი	aptiaki
eyeglass store	ოპტიკა	op't'ik'a
shopping mall	სავაჭრო ცენტრი	savach'ro tsent'ri
supermarket	სუპერმარკეტი	sup'ermark'et'i
bakery	საფუნთუშე	sapuntushe
baker	მცხობელი	mtskhobeli
pastry shop	საკონდიტრო	sak'ondit'ro
grocery store	საბაყლო	sabaqlo
butcher shop	საყასბე	saqasbe
produce store	ბოსტნეულის დუქანი	bost'neulis dukani
market	ბაზარი	bazari
coffee house	ყავახანა	qavakhana
restaurant	რესტორანი	rest'orani
pub, bar	ლუდხანა	ludkhana
pizzeria	პიცერია	p'itseria
hair salon	საპარიკმახერო	sap'arik'makhero
post office	ფოსტა	post'a
dry cleaners	ქიმწმენდა	kimts'menda
photo studio	ფოტოატელიე	pot'oat'elie

shoe store	ფეხსაცმლის მაღაზია	pekhsatsmlis maghazia
bookstore	წიგნების მაღაზია	ts'ignebis maghazia
sporting goods store	სპორტული მაღაზია	sp'ort'uli maghazia
clothes repair shop	ტანსაცმლის შეკეთება	t'ansatsmlis shek'eteba
formal wear rental	ტანსაცმლის გაქირავება	t'ansatsmlis gakiraveba
video rental store	ფილმების გაქირავება	pilmebis gakiraveba
circus	ცირკი	tsirk'i
zoo	ზოოპარკი	zoop'ark'i
movie theater	კინოთეატრი	k'inoteat'ri
museum	მუზეუმი	muzeumi
library	ბიბლიოთეკა	bibliotek'a
theater	თეატრი	teat'ri
opera (opera house)	ოპერა	op'era
nightclub	ღამის კლუბი	ghamis k'lubi
casino	სამორინე	samorine
mosque	მეჩეთი	mecheti
synagogue	სინაგოგა	sinagoga
cathedral	ტაძარი	t'adzari
temple	ტაძარი	t'adzari
church	ეკლესია	ek'lesia
college	ინსტიტუტი	inst'it'ut'i
university	უნივერსიტეტი	universit'et'i
school	სკოლა	sk'ola
prefecture	პრეფექტურა	p'repekt'ura
city hall	მერია	meria
hotel	სასტუმრო	sast'umro
bank	ბანკი	bank'i
embassy	საელჩო	saelcho
travel agency	ტურისტული სააგენტო	t'urist'uli saagent'o
information office	ცნობათა ბიურო	tsnobata biuro
currency exchange	გაცვლითი პუნქტი	gatsvliti p'unkt'i
subway	მეტრო	met'ro
hospital	საავადმყოფო	saavadmqopo
gas station	ბენზინგასამართი სადგური	benzingasamarti sadguri
parking lot	ავტოსადგომი	avt'osadgomi

30. Signs

signboard (store sign, etc.)	აბრა	abra
notice (door sign, etc.)	წარწერა	ts'arts'era

poster	პლაკატი	p'lak'at'i
direction sign	მაჩვენებელი	machvenebeli
arrow (sign)	ისარი	isari
caution	გაფრთხილება	gaprtkhileba
warning sign	გაფრთხილება	gaprtkhileba
to warn (vt)	გაფრთხილება	gaprtkhileba
rest day (weekly ~)	დასვენების დღე	dasvenebis dghe
timetable (schedule)	განრიგი	ganrigi
opening hours	სამუშაო საათები	samushao saatebi
WELCOME!	კეთილი იყოს თქვენი მობრძანება!	k'etili iqos tkveni mobrdzaneba!
ENTRANCE	შესასვლელი	shesasvleli
EXIT	გასასვლელი	gasasvleli
PUSH	თქვენგან	tkvengan
PULL	თქვენსკენ	tkvensk'en
OPEN	ღიაა	ghiaa
CLOSED	დაკეტილია	dak'et'ilia
WOMEN	ქალებისათვის	kalebisatvis
MEN	კაცებისათვის	k'atsebisatvis
DISCOUNTS	ფასდაკლებები	pasdak'lebebi
SALE	გაყიდვა	gaqidva
NEW!	სიახლე!	siakhle!
FREE	უფასოდ	upasod
ATTENTION!	ყურადღება!	quradgheba!
NO VACANCIES	ადგილები არ არის	adgilebi ar aris
RESERVED	დარეზერვირებულია	darezervirebulia
ADMINISTRATION	ადმინისტრაცია	administ'ratsia
STAFF ONLY	მხოლოდ პერსონალისათვის	mkholod p'ersonalisatvis
BEWARE OF THE DOG!	ავი ძაღლი	avi dzaghli
NO SMOKING	ნუ მოსწევთ!	nu mosts'evt!
DO NOT TOUCH!	ხელით ნუ შეეხებით!	khelit nu sheekhebit!
DANGEROUS	საშიშია	sashishia
DANGER	საფრთხე	saprtkhe
HIGH VOLTAGE	მაღალი ძაბვა	maghali dzabva
NO SWIMMING!	ბანაობა აკრძალულია	banaoba ak'rdzalulia
OUT OF ORDER	არ მუშაობს	ar mushaobs
FLAMMABLE	ცეცხლსაშიშია	tsetskhlsashishia
FORBIDDEN	აკრძალულია	ak'rdzalulia
NO TRESPASSING!	გასვლა აკრძალულია	gasvla ak'rdzalulia
WET PAINT	შეღებილია	sheghebilia

31. Shopping

to buy (purchase)	ყიდვა	qidva
purchase	ნაყიდი	naqidi
shopping	შოპინგი	shop'ingi
to be open (ab. store)	მუშაობა	mushaoba
to be closed	დაკეტვა	dak'et'va
footwear, shoes	ფეხსაცმელი	pekhsatsmeli
clothes, clothing	ტანსაცმელი	t'ansatsmeli
cosmetics	კოსმეტიკა	k'osmet'ik'a
food products	პროდუქტები	p'rodukt'ebi
gift, present	საჩუქარი	sachukari
salesman	გამყიდველი	gamqidveli
saleswoman	გამყიდველი	gamqidveli
check out, cash desk	სალარო	salaro
mirror	სარკე	sark'e
counter (store ~)	დახლი	dakhli
fitting room	მოსაზომი ოთახი	mosazomi otakhi
to try on	მოზომება	mozomeba
to fit (ab. dress, etc.)	მორგება	morgeba
to like (I like ...)	მოწონება	mots'oneba
price	ფასი	pasi
price tag	საფასარი	sapasari
to cost (vt)	ღირება	ghireba
How much?	რამდენი?	ramdeni?
discount	ფასდაკლება	pasdak'leba
inexpensive (adj)	საკმაოდ იაფი	sak'maod iapi
cheap (adj)	იაფი	iapi
expensive (adj)	ძვირი	dzviri
It's expensive	ეს ძვირია	es dzviria
rental (n)	გაქირავება	gakiraveba
to rent (~ a tuxedo)	ქირით აღება	kirit agheba
credit (trade credit)	კრედიტი	k'redit'i
on credit (adv)	სესხად	seskhad

115

CLOTHING & ACCESSORIES

32. Outerwear. Coats
33. Men's & women's clothing
34. Clothing. Underwear
35. Headwear
36. Footwear
37. Personal accessories
38. Clothing. Miscellaneous
39. Personal care. Cosmetics
40. Watches. Clocks

&P Books Publishing

32. Outerwear. Coats

clothes	ტანსაცმელი	t'ansatsmeli
outerwear	ზედა ტანსაცმელი	zeda t'ansatsmeli
winter clothing	ზამთრის ტანსაცმელი	zamtris t'ansatsmeli
coat (overcoat)	პალტო	p'alt'o
fur coat	ქურქი	kurki
fur jacket	ჯუბაჩა	jubacha
down coat	ყურთუკი	qurtuk'i
jacket (e.g., leather ~)	ქურთუკი	kurtuk'i
raincoat (trenchcoat, etc.)	ლაბადა	labada
waterproof (adj)	ულტობი	ult'obi

33. Men's & women's clothing

shirt (button shirt)	პერანგი	p'erangi
pants	შარვალი	sharvali
jeans	ჯინსი	jinsi
suit jacket	პიჯაკი	p'ijak'i
suit	კოსტიუმი	k'ost'iumi
dress (frock)	კაბა	k'aba
skirt	ბოლოკაბა	bolok'aba
blouse	ბლუზა	bluza
knitted jacket (cardigan, etc.)	კოფთა	k'opta
jacket (of woman's suit)	ჟაკეტი	zhak'et'i
T-shirt	მაისური	maisuri
shorts (short trousers)	შორტი	short'i
tracksuit	სპორტული კოსტიუმი	sp'ort'uli k'ost'iumi
bathrobe	ხალათი	khalati
pajamas	პიჟამო	p'izhamo
sweater	სვიტრი	svit'ri
pullover	პულოვერი	p'uloveri
vest	ჟილეტი	zhilet'i
tailcoat	ფრაკი	prak'i
tuxedo	სმოკინგი	smok'ingi
uniform	ფორმა	porma
workwear	სამუშაო ტანსაცმელი	samushao t'ansatsmeli

| overalls | კომბინეზონი | k'ombinezoni |
| coat (e.g., doctor's smock) | ხალათი | khalati |

34. Clothing. Underwear

underwear	საცვალი	satsvali
undershirt (A-shirt)	მაისური	maisuri
socks	წინდები	ts'indebi

nightdress	ღამის პერანგი	ghamis p'erangi
bra	ბიუსტჰალტერი	biust'halt'eri
knee highs (knee-high socks)	გოლფი-წინდები	golpi-ts'indebi
pantyhose	კოლგოტი	k'olgot'i
stockings (thigh highs)	ყელიანი წინდები	qeliani ts'indebi
bathing suit	საბანაო კოსტიუმი	sabanao k'ost'iumi

35. Headwear

hat	ქუდი	kudi
fedora	ქუდი	kudi
baseball cap	ბეისბოლის კეპი	beisbolis k'ep'i
flatcap	კეპი	k'ep'i

beret	ბერეტი	beret'i
hood	კაპიუშონი	k'ap'iushoni
panama hat	პანამა	p'anama
knit cap (knitted hat)	ნაქსოვი ქუდი	naksovi kudi

| headscarf | თავსაფარი | tavsapari |
| women's hat | ქუდი | kudi |

hard hat	კასკა	k'ask'a
garrison cap	პილოტურა	p'ilot'ura
helmet	ჩაფხუტი	chapkhut'i

| derby | ქვაბ-ქუდა | kvab-kuda |
| top hat | ცილინდრი | tsilindri |

36. Footwear

footwear	ფეხსაცმელი	pekhsatsmeli
shoes (men's shoes)	ყელიანი ფეხსაცმელი	qeliani pekhsatsmeli
shoes (women's shoes)	ტუფლი	t'upli
boots (e.g., cowboy ~)	ჩექმები	chekmebi
slippers	ჩუსტები	chust'ebi

tennis shoes (e.g., Nike ~)	ფეხსაცმელი	pekhsatsmeli
sneakers (e.g., Converse ~)	კედი	k'edi
sandals	სანდლები	sandlebi
cobbler (shoe repairer)	მეჩექმე	mechekme
heel	ქუსლი	kusli
pair (of shoes)	წყვილი	ts'qvili
shoestring	ზონარი	zonari
to lace (vt)	ზონრით შეკვრა	zonrit shek'vra
shoehorn	საშველი	sashveli
shoe polish	ფეხსაცმლის კრემი	pekhsatsmlis k'remi

37. Personal accessories

gloves	ხელთათმანები	kheltatmanebi
mittens	ხელთათმანი	kheltatmani
scarf (muffler)	კაშნი	k'ashni
glasses (eyeglasses)	სათვალე	satvale
frame (eyeglass ~)	ჩარჩო	charcho
umbrella	ქოლგა	kolga
walking stick	ხელჯოხი	kheljokhi
hairbrush	თმის ჯაგრისი	tmis jagrisi
fan	მარაო	marao
tie (necktie)	ჰალსტუხი	halst'ukhi
bow tie	პეპელა-ჰალსტუხი	p'ep'ela-halst'ukhi
suspenders	აჭიმი	ach'imi
handkerchief	ცხვირსახოცი	tskhvirsakhotsi
comb	სავარცხელი	savartskheli
barrette	თმის სამაგრი	tmis samagri
hairpin	თმის სარჭი	tmis sarch'i
buckle	ბალთა	balta
belt	ქამარი	kamari
shoulder strap	თასმა	tasma
bag (handbag)	ჩანთა	chanta
purse	ჩანთა	chanta
backpack	რუკზაკი	ruk'zak'i

38. Clothing. Miscellaneous

| fashion | მოდა | moda |
| in vogue (adj) | მოდური | moduri |

fashion designer	მოდელიერი	modelieri
collar	საყელო	saqelo
pocket	ჯიბე	jibe
pocket (as adj)	ჯიბისა	jibisa
sleeve	სახელო	sakhelo
hanging loop	საკიდარი	sak'idari
fly (on trousers)	ბარტყი	bart'qi
zipper (fastener)	ელვა-შესაკრავი	elva-shesak'ravi
fastener	შესაკრავი	shesak'ravi
button	ღილი	ghili
buttonhole	ჩასაღილავი	chasaghilavi
to come off (ab. button)	მოწყვეტა	mots'qvet'a
to sew (vi, vt)	კერვა	k'erva
to embroider (vi, vt)	ქარგვა	kargva
embroidery	ნაქარგი	nakargi
sewing needle	ნემსი	nemsi
thread	ძაფი	dzapi
seam	ნაკერი	nak'eri
to get dirty (vi)	გასვრა	gasvra
stain (mark, spot)	ლაქა	laka
to crease, to crumple	დაჭმუჭნა	dach'much'na
to tear, to rip (vt)	გახევა	gakheva
clothes moth	ჩრჩილი	chrchili

39. Personal care. Cosmetics

toothpaste	კბილის პასტა	k'bilis p'ast'a
toothbrush	კბილის ჯაგრისი	k'bilis jagrisi
to brush one's teeth	კბილების გახეხვა	k'bilebis gakhekhva
razor	სამართებელი	samartebeli
shaving cream	საპარსი კრემი	sap'arsi k'remi
to shave (vi)	პარსვა	p'arsva
soap	საპონი	sap'oni
shampoo	შამპუნი	shamp'uni
scissors	მაკრატელი	mak'rat'eli
nail file	ფრჩხილის ქლიბი	prchkhilis klibi
nail clippers	ფრჩხილის საკვნეტი	prchkhilis sak'vnet'i
tweezers	პინცეტი	p'intset'i
cosmetics	კოსმეტიკა	k'osmet'ik'a
face mask	ნიღაბი	nighabi
manicure	მანიკიური	manik'iuri
to have a manicure	მანიკიურის კეთება	manik'iuris k'eteba
pedicure	პედიკიური	p'edik'iuri

make-up bag	კოსმეტიკის ჩანთა	k'osmet'ik'is chanta
face powder	პუდრი	p'udri
powder compact	საპუდრე	sap'udre
blusher	ფერი	peri
perfume (bottled)	სუნამო	sunamo
toilet water (lotion)	ტუალეტის წყალი	t'ualet'is ts'qali
lotion	ლოსიონი	losioni
cologne	ოდეკოლონი	odek'oloni
eyeshadow	ქუთუთოს ჩრდილი	kututos chrdili
eyeliner	თვალის ფანქარი	tvalis pankari
mascara	ტუში	t'ushi
lipstick	ტუჩის პომადა	t'uchis p'omada
nail polish, enamel	ფრჩხილის ლაქი	prchkhilis laki
hair spray	თმის ლაქი	tmis laki
deodorant	დეზოდორანტი	dezodorant'i
cream	კრემი	k'remi
face cream	სახის კრემი	sakhis k'remi
hand cream	ხელის კრემი	khelis k'remi
anti-wrinkle cream	ნაოჭების საწინააღმდეგო კრემი	naoch'ebis sats'inaaghmdego k'remi
day (as adj)	დღისა	dghisa
night (as adj)	ღამისა	ghamisa
tampon	ტამპონი	t'amp'oni
toilet paper (toilet roll)	ტუალეტის ქაღალდი	t'ualet'is kaghaldi
hair dryer	ფენი	peni

40. Watches. Clocks

watch (wristwatch)	საათი	saati
dial	ციფერბლატი	tsiperblat'i
hand (of clock, watch)	ისარი	isari
metal watch band	სამაჯური	samajuri
watch strap	თასმა	tasma
battery	ბატარეა	bat'area
to be dead (battery)	დაჯდომა	dajdoma
to change a battery	ბატარეის გამოცვლა	bat'areis gamotsvla
wall clock	კედლის საათი	k'edlis saati
hourglass	ქვიშის საათი	kvishis saati
sundial	მზის საათი	mzis saati
alarm clock	მაღვიძარა	maghvidzara
watchmaker	მესაათე	mesaate
to repair (vt)	გარემონტება	garemont'eba

EVERYDAY EXPERIENCE

41. Money
42. Post. Postal service
43. Banking
44. Telephone. Phone conversation
45. Cell phone
46. Stationery
47. Foreign languages

T&P Books Publishing

41. Money

money	ფული	puli
currency exchange	გაცვლა	gatsvla
exchange rate	კურსი	k'ursi
ATM	ბანკომატი	bank'omat'i
coin	მონეტა	monet'a
dollar	დოლარი	dolari
euro	ევრო	evro
lira	ლირა	lira
Deutschmark	მარკა	mark'a
franc	ფრანკი	prank'i
pound sterling	გირვანქა სტერლინგი	girvanka st'erlingi
yen	იენა	iena
debt	ვალი	vali
debtor	მოვალე	movale
to lend (money)	ნისიად მიცემა	nisiad mitsema
to borrow (vi, vt)	ნისიად აღება	nisiad agheba
bank	ბანკი	bank'i
account	ანგარიში	angarishi
to deposit into the account	ანგარიშზე დადება	angarishze dadeba
to withdraw (vt)	ანგარიშიდან მოხსნა	angarishidan mokhsna
credit card	საკრედიტო ბარათი	sak'redit'o barati
cash	ნაღდი ფული	naghdi puli
check	ჩეკი	chek'i
to write a check	ჩეკის გამოწერა	chek'is gamots'era
checkbook	ჩეკების წიგნაკი	chek'ebis ts'ignak'i
wallet	საფულე	sapule
change purse	საფულე	sapule
safe	სეიფი	seipi
heir	მემკვიდრე	memk'vidre
inheritance	მემკვიდრეობა	memk'vidreoba
fortune (wealth)	ქონება	koneba
lease	იჯარა	ijara
rent (money)	ბინის ქირა	binis kira
to rent (sth from sb)	დაქირავება	dakiraveba
price	ფასი	pasi
cost	ღირებულება	ghirebuleba

sum	თანხა	tankha
to spend (vt)	ხარჯვა	kharjva
expenses	ხარჯები	kharjebi
to economize (vi, vt)	დაზოგვა	dazogva
economical	მომჭირნე	momch'irne
to pay (vi, vt)	გადახდა	gadakhda
payment	საზღაური	sazghauri
change (give the ~)	ხურდა	khurda
tax	გადასახადი	gadasakhadi
fine	ჯარიმა	jarima
to fine (vt)	დაჯარიმება	dajarimeba

42. Post. Postal service

post office	ფოსტა	post'a
mail (letters, etc.)	ფოსტა	post'a
mailman	ფოსტალიონი	post'alioni
opening hours	სამუშაო საათები	samushao saatebi
letter	წერილი	ts'erili
registered letter	დაზღვეული წერილი	dazghveuli ts'erili
postcard	ღია ბარათი	ghia barati
telegram	დეპეშა	dep'esha
package (parcel)	ამანათი	amanati
money transfer	ფულადი გზავნილი	puladi gzavnili
to receive (vt)	მიღება	migheba
to send (vt)	გაგზავნა	gagzavna
sending	გაგზავნა	gagzavna
address	მისამართი	misamarti
ZIP code	ინდექსი	indeksi
sender	გამგზავნი	gamgzavni
receiver	მიმღები	mimghebi
name (first name)	სახელი	sakheli
surname (last name)	გვარი	gvari
postage rate	ტარიფი	t'aripi
standard (adj)	ჩვეულებრივი	chveulebrivi
economical (adj)	ეკონომიური	ek'onomiuri
weight	წონა	ts'ona
to weigh (~ letters)	აწონვა	ats'onva
envelope	კონვერტი	k'onvert'i
postage stamp	მარკა	mark'a

43. Banking

bank	ბანკი	bank'i
branch (of bank, etc.)	განყოფილება	ganqopileba
bank clerk, consultant	კონსულტანტი	k'onsult'ant'i
manager (director)	მმართველი	mmartveli
bank account	ანგარიში	angarishi
account number	ანგარიშის ნომერი	angarishis nomeri
checking account	მიმდინარე ანგარიში	mimdinare angarishi
savings account	დამაგროვებელი ანგარიში	damagrovebeli angarishi
to open an account	ანგარიშის გახსნა	angarishis gakhsna
to close the account	ანგარიშის დახურვა	angarishis dakhurva
to deposit into the account	ანგარიშზე დადება	angarishze dadeba
to withdraw (vt)	ანგარიშიდან მოხსნა	angarishidan mokhsna
deposit	ანაბარი	anabari
to make a deposit	ანაბრის გაკეთება	anabris gak'eteba
wire transfer	გზავნილი	gzavnili
to wire, to transfer	გზავნილის გაკეთება	gzavnilis gak'eteba
sum	თანხა	tankha
How much?	რამდენი?	ramdeni?
signature	ხელმოწერა	khelmots'era
to sign (vt)	ხელის მოწერა	khelis mots'era
credit card	საკრედიტო ბარათი	sak'redit'o barati
code (PIN code)	კოდი	k'odi
credit card number	საკრედიტო ბარათის ნომერი	sak'redit'o baratis nomeri
ATM	ბანკომატი	bank'omat'i
check	ჩეკი	chek'i
to write a check	ჩეკის გამოწერა	chek'is gamots'era
checkbook	ჩეკების წიგნაკი	chek'ebis ts'ignak'i
loan (bank ~)	კრედიტი	k'redit'i
to apply for a loan	კრედიტისათვის მიმართვა	k'redit'isatvis mimartva
to get a loan	კრედიტის აღება	k'redit'is agheba
to give a loan	კრედიტის წარდგენა	k'redit'is ts'ardgena
guarantee	გარანტია	garant'ia

44. Telephone. Phone conversation

telephone	ტელეფონი	t'eleponi
cell phone	მობილური ტელეფონი	mobiluri t'eleponi

answering machine	ავტომოპასუხე	avt'omop'asukhe
to call (by phone)	რეკვა	rek'va
phone call	ზარი	zari
to dial a number	ნომრის აკრეფა	nomris ak'repa
Hello!	ალო!	alo!
to ask (vt)	კითხვა	k'itkhva
to answer (vi, vt)	პასუხის გაცემა	p'asukhis gatsema
to hear (vt)	სმენა	smena
well (adv)	კარგად	k'argad
not well (adv)	ცუდად	tsudad
noises (interference)	ხარვეზები	kharvezebi
receiver	ყურმილი	qurmili
to pick up (~ the phone)	ყურმილის აღება	qurmilis agheba
to hang up (~ the phone)	ყურმილის დადება	qurmilis dadeba
busy (engaged)	დაკავებული	dak'avebuli
to ring (ab. phone)	რეკვა	rek'va
telephone book	სატელეფონო წიგნი	sat'elepono ts'igni
local (adj)	ადგილობრივი	adgilobrivi
long distance (~ call)	საქალაქთაშორისო	sakalaktashoriso
international (adj)	საერთაშორისო	saertashoriso

45. Cell phone

cell phone	მობილური ტელეფონი	mobiluri t'eleponi
display	დისპლეი	disp'lei
button	ღილაკი	ghilak'i
SIM card	SIM-ბარათი	SIM-barati
battery	ბატარეა	bat'area
to be dead (battery)	განმუხტვა	ganmukht'va
charger	დასამუხტი მოწყობილობა	dasamukht'i mots'qobiloba
menu	მენიუ	meniu
settings	აწყობა	ats'qoba
tune (melody)	მელოდია	melodia
to select (vt)	არჩევა	archeva
calculator	კალკულატორი	k'alk'ulat'ori
voice mail	ავტომოპასუხე	avt'omop'asukhe
alarm clock	მაღვიძარა	maghvidzara
contacts	სატელეფონო წიგნი	sat'elepono ts'igni
SMS (text message)	SMS-შეტყობინება	SMS-shet'qobineba
subscriber	აბონენტი	abonent'i

46. Stationery

ballpoint pen	ავტოკალამი	avt'ok'alami
fountain pen	კალამი	k'alami
pencil	ფანქარი	pankari
highlighter	მარკერი	mark'eri
felt-tip pen	ფლომასტერი	plomast'eri
notepad	ბლოკნოტი	blok'not'i
agenda (diary)	დღიური	dghiuri
ruler	სახაზავი	sakhazavi
calculator	კალკულატორი	k'alk'ulat'ori
eraser	საშლელი	sashleli
thumbtack	ჭიკარტი	ch'ik'art'i
paper clip	სამაგრი	samagri
glue	წებო	ts'ebo
stapler	სტეპლერი	st'ep'leri
hole punch	სახვრეტელა	sakhvret'ela
pencil sharpener	სათლელი	satleli

47. Foreign languages

language	ენა	ena
foreign (adj)	უცხო	utskho
to study (vt)	შესწავლა	shests'avla
to learn (language, etc.)	სწავლა	sts'avla
to read (vi, vt)	კითხვა	k'itkhva
to speak (vi, vt)	ლაპარაკი	lap'arak'i
to understand (vt)	გაგება	gageba
to write (vt)	წერა	ts'era
fast (adv)	სწრაფად	sts'rapad
slowly (adv)	ნელა	nela
fluently (adv)	თავისუფლად	tavisuplad
rules	წესები	ts'esebi
grammar	გრამატიკა	gramat'ik'a
vocabulary	ლექსიკა	leksik'a
phonetics	ფონეტიკა	ponet'ik'a
textbook	სახელმძღვანელო	sakhelmdzghvanelo
dictionary	ლექსიკონი	leksik'oni
teach-yourself book	თვითმასწავლებელი	tvitmasts'avlebeli
phrasebook	სასაუბრო	sasaubro
cassette, tape	კასეტი	k'aset'i

videotape	ვიდეოკასეტი	videok'aset'i
CD, compact disc	კომპაქტური დისკი	k'omp'akt'uri disk'i
DVD	დივიდი	dividi
alphabet	ანბანი	anbani
to spell (vt)	ასოებით გამოთქმა	asoebit gamotkma
pronunciation	წარმოთქმა	ts'armotkma
accent	აქცენტი	aktsent'i
with an accent	აქცენტით	aktsent'it
without an accent	უაქცენტოდ	uaktsent'od
word	სიტყვა	sit'qva
meaning	მნიშვნელობა	mnishvneloba
course (e.g., a French ~)	კურსები	k'ursebi
to sign up	ჩაწერა	chats'era
teacher	მასწავლებელი	masts'avlebeli
translation (process)	თარგმნა	targmna
translation (text, etc.)	თარგმანი	targmani
translator	მთარგმნელი	mtargmneli
interpreter	თარჯიმანი	tarjimani
polyglot	პოლიგლოტი	p'oliglot'i
memory	მეხსიერება	mekhsiereba

MEALS. RESTAURANT

48. Table setting
49. Restaurant
50. Meals
51. Cooked dishes
52. Food
53. Drinks
54. Vegetables
55. Fruits. Nuts
56. Bread. Candy
57. Spices

T&P Books Publishing

48. Table setting

spoon	კოვზი	k'ovzi
knife	დანა	dana
fork	ჩანგალი	changali
cup (e.g., coffee ~)	ფინჯანი	pinjani
plate (dinner ~)	თეფში	tepshi
saucer	ლამბაქი	lambaki
napkin (on table)	ხელსახოცი	khelsakhotsi
toothpick	კბილსაჩიჩქნი	k'bilsachichkni

49. Restaurant

restaurant	რესტორანი	rest'orani
coffee house	ყავახანა	qavakhana
pub, bar	ბარი	bari
tearoom	ჩაის სალონი	chais saloni
waiter	ოფიციანტი	opitsiant'i
waitress	ოფიციანტი	opitsiant'i
bartender	ბარმენი	barmeni
menu	მენიუ	meniu
wine list	ღვინის ბარათი	ghvinis barati
to book a table	მაგიდის დაჯავშნა	magidis dajavshna
course, dish	კერძი	k'erdzi
to order (meal)	შეკვეთა	shek'veta
to make an order	შეკვეთის გაკეთება	shek'vetis gak'eteba
aperitif	აპერიტივი	ap'erit'ivi
appetizer	საუზმეული	sauzmeuli
dessert	დესერტი	desert'i
check	ანგარიში	angarishi
to pay the check	ანგარიშის გადახდა	angarishis gadakhda
to give change	ხურდის მიცემა	khurdis mitsema
tip	გასამრჯელო	gasamrjelo

50. Meals

food	საჭმელი	sach'meli
to eat (vi, vt)	ჭამა	ch'ama

breakfast	საუზმე	sauzme
to have breakfast	საუზმობა	sauzmoba
lunch	სადილი	sadili
to have lunch	სადილობა	sadiloba
dinner	ვახშამი	vakhshami
to have dinner	ვახშმობა	vakhshmoba
appetite	მადა	mada
Enjoy your meal!	გაამოთ!	gaamot!
to open (~ a bottle)	გახსნა	gakhsna
to spill (liquid)	დაღვრა	daghvra
to spill out (vi)	დაღვრა	daghvra
to boil (vi)	დუღილი	dughili
to boil (vt)	ადუღება	adugheba
boiled (~ water)	ნადუღი	nadughi
to chill, cool down (vt)	გაგრილება	gagrileba
to chill (vi)	გაგრილება	gagrileba
taste, flavor	გემო	gemo
aftertaste	გემო	gemo
to slim down (lose weight)	გახდომა	gakhdoma
diet	დიეტა	diet'a
vitamin	ვიტამინი	vit'amini
calorie	კალორია	k'aloria
vegetarian (n)	ვეგეტარიანელი	veget'arianeli
vegetarian (adj)	ვეგეტარიანული	veget'arianuli
fats (nutrient)	ცხიმები	tskhimebi
proteins	ცილები	tsilebi
carbohydrates	ნახშირწყლები	nakhshirts'qlebi
slice (of lemon, ham)	ნაჭერი	nach'eri
piece (of cake, pie)	ნაჭერი	nach'eri
crumb (of bread, cake, etc.)	ნამცეცი	namtsetsi

51. Cooked dishes

course, dish	კერძი	k'erdzi
cuisine	სამზარეულო	samzareulo
recipe	რეცეპტი	retsep't'i
portion	ულუფა	ulupa
salad	სალათი	salati
soup	წვნიანი	ts'vniani
clear soup (broth)	ბულიონი	bulioni
sandwich (bread)	ბუტერბროდი	but'erbrodi

fried eggs	ერბო-კვერცხი	erbo-k'vertskhi
hamburger (beefburger)	ჰამბურგერი	hamburgeri
beefsteak	ბივშტექსი	bivsht'eksi

side dish	გარნირი	garniri
spaghetti	სპაგეტი	sp'aget'i
mashed potatoes	კარტოფილის პიურე	k'art'opilis p'iure
pizza	პიცა	p'itsa
porridge (oatmeal, etc.)	ფაფა	papa
omelet	ომლეტი	omlet'i

boiled (e.g., ~ beef)	მოხარშული	mokharshuli
smoked (adj)	შებოლილი	shebolili
fried (adj)	შემწვარი	shemts'vari
dried (adj)	გამხმარი	gamkhmari
frozen (adj)	გაყინული	gaqinuli
pickled (adj)	მარინადში ჩადებული	marinadshi chadebuli

sweet (sugary)	ტკბილი	t'k'bili
salty (adj)	მლაშე	mlashe
cold (adj)	ცივი	tsivi
hot (adj)	ცხელი	tskheli
bitter (adj)	მწარე	mts'are
tasty (adj)	გემრიელი	gemrieli

to cook in boiling water	ხარშვა	kharshva
to cook (dinner)	მზადება	mzadeba
to fry (vt)	შეწვა	shets'va
to heat up (food)	გაცხელება	gatskheleba

to salt (vt)	მარილის მოყრა	marilis moqra
to pepper (vt)	პილპილის მოყრა	p'ilp'ilis moqra
to grate (vt)	გახეხვა	gakhekhva
peel (n)	ქერქი	kerki
to peel (vt)	ფცქვნა	ptskvna

52. Food

meat	ხორცი	khortsi
chicken	ქათამი	katami
Rock Cornish hen (poussin)	წიწილა	ts'its'ila
duck	იხვი	ikhvi
goose	ბატი	bat'i
game	ნანადირევი	nanadirevi
turkey	ინდაური	indauri

pork	ღორის ხორცი	ghoris khortsi
veal	ხბოს ხორცი	khbos khortsi
lamb	ცხვრის ხორცი	tskhvris khortsi

| beef | საქონლის ხორცი | sakonlis khortsi |
| rabbit | ბოცვერი | botsveri |

sausage (bologna, etc.)	ძეხვი	dzekhvi
vienna sausage (frankfurter)	სოსისი	sosisi
bacon	ბეკონი	bek'oni
ham	ლორი	lori
gammon	ბარკალი	bark'ali

pâté	პაშტეტი	p'asht'et'i
liver	ღვიძლი	ghvidzli
hamburger (ground beef)	ფარში	parshi
tongue	ენა	ena

egg	კვერცხი	k'vertskhi
eggs	კვერცხები	k'vertskhebi
egg white	ცილა	tsila
egg yolk	კვერცხის გული	k'vertskhis guli

fish	თევზი	tevzi
seafood	ზღვის პროდუქტები	zghvis p'rodukt'ebi
crustaceans	კიბოსნაირნი	k'ibosnairni
caviar	ხიზილალა	khizilala

crab	კიბორჩხალა	k'iborchkhala
shrimp	კრევეტი	k'revet'i
oyster	ხამანწკა	khamants'k'a
spiny lobster	ლანგუსტი	langust'i
octopus	რვაფეხა	rvapekha
squid	კალმარი	k'almari

sturgeon	თართი	tarti
salmon	ორაგული	oraguli
halibut	პალტუსი	p'alt'usi

cod	ვირთევზა	virtevza
mackerel	სკუმბრია	sk'umbria
tuna	თინუსი	tinusi
eel	გველთევზა	gveltevza

trout	კალმახი	k'almakhi
sardine	სარდინი	sardini
pike	ქარიყლაპია	kariqlap'ia
herring	ქაშაყი	kashaqi

bread	პური	p'uri
cheese	ყველი	qveli
sugar	შაქარი	shakari
salt	მარილი	marili
rice	ბრინჯი	brinji
pasta (macaroni)	მაკარონი	mak'aroni

noodles	ატრია	at'ria
butter	კარაქი	k'araki
vegetable oil	მცენარეული ზეთი	mtsenarueli zeti
sunflower oil	მზესუმზირის ზეთი	mzesumziris zeti
margarine	მარგარინი	margarini
olives	ზეითუნი	zeituni
olive oil	ზეითუნის ზეთი	zeitunis zeti
milk	რძე	rdze
condensed milk	შესქელებული რძე	sheskelebuli rdze
yogurt	იოგურტი	iogurt'i
sour cream	არაჟანი	arazhani
cream (of milk)	ნაღები	naghebi
mayonnaise	მაიონეზი	maionezi
buttercream	კრემი	k'remi
groats (barley ~, etc.)	ბურღული	burghuli
flour	ფქვილი	pkvili
canned food	კონსერვები	k'onservebi
cornflakes	სიმინდის ბურბუშელა	simindis burbushela
honey	თაფლი	tapli
jam	ჯემი	jemi
chewing gum	საღეჭი რეზინი	saghech'i rezini

53. Drinks

water	წყალი	ts'qali
drinking water	სასმელი წყალი	sasmeli ts'qali
mineral water	მინერალური წყალი	mineraluri ts'qali
still (adj)	უგაზო	ugazo
carbonated (adj)	გაზირებული	gazirebuli
sparkling (adj)	გაზიანი	gaziani
ice	ყინული	qinuli
with ice	ყინულით	qinulit
non-alcoholic (adj)	უალკოჰოლო	ualk'oholo
soft drink	უალკოჰოლო სასმელი	ualk'oholo sasmeli
refreshing drink	გამაგრილებელი სასმელი	gamagrilebeli sasmeli
lemonade	ლიმონათი	limonati
liquors	ალკოჰოლიანი სასმელები	alk'oholiani sasmelebi
wine	ღვინო	ghvino
white wine	თეთრი ღვინო	tetri ghvino
red wine	წითელი ღვინო	ts'iteli ghvino
liqueur	ლიქიორი	likiori
champagne	შამპანური	shamp'anuri

vermouth	ვერმუტი	vermut'i
whiskey	ვისკი	visk'i
vodka	არაყი	araqi
gin	ჯინი	jini
cognac	კონიაკი	k'oniak'i
rum	რომი	romi

coffee	ყავა	qava
black coffee	შავი ყავა	shavi qava
coffee with milk	რძიანი ყავა	rdziani qava
cappuccino	ნაღებიანი ყავა	naghebiani qava
instant coffee	ხსნადი ყავა	khsnadi qava

milk	რძე	rdze
cocktail	კოკტეილი	k'ok't'eili
milkshake	რძის კოკტეილი	rdzis k'ok't'eili

juice	წვენი	ts'veni
tomato juice	ტომატის წვენი	t'omat'is ts'veni
orange juice	ფორთოხლის წვენი	portokhlis ts'veni
freshly squeezed juice	ახლადგამოწურული წვენი	akhladgamots'uruli ts'veni

beer	ლუდი	ludi
light beer	ღია ფერის ლუდი	ghia peris ludi
dark beer	მუქი ლუდი	muki ludi

tea	ჩაი	chai
black tea	შავი ჩაი	shavi chai
green tea	მწვანე ჩაი	mts'vane chai

54. Vegetables

| vegetables | ბოსტნეული | bost'neuli |
| greens | მწვანილი | mts'vanili |

tomato	პომიდორი	p'omidori
cucumber	კიტრი	k'it'ri
carrot	სტაფილო	st'apilo
potato	კარტოფილი	k'art'opili
onion	ხახვი	khakhvi
garlic	ნიორი	niori

cabbage	კომბოსტო	k'ombost'o
cauliflower	ყვავილოვანი კომბოსტო	qvavilovani k'ombost'o
Brussels sprouts	ბრიუსელის კომბოსტო	briuselis k'ombost'o
broccoli	კომბოსტო ბროკოლი	k'ombost'o brok'oli

| beet | ჭარხალი | ch'arkhali |
| eggplant | ბადრიჯანი | badrijani |

zucchini	ყაბაყი	qabaqi
pumpkin	გოგრა	gogra
turnip	თალგამი	talgami
parsley	ოხრახუში	okhrakhushi
dill	კამა	k'ama
lettuce	სალათი	salati
celery	ნიახური	niakhuri
asparagus	სატაცური	sat'atsuri
spinach	ისპანახი	isp'anakhi
pea	ბარდა	barda
beans	პარკები	p'ark'ebi
corn (maize)	სიმინდი	simindi
kidney bean	ლობიო	lobio
bell pepper	წიწაკა	ts'its'ak'a
radish	ბოლოკი	bolok'i
artichoke	არტიშოკი	art'ishok'i

55. Fruits. Nuts

fruit	ხილი	khili
apple	ვაშლი	vashli
pear	მსხალი	mskhali
lemon	ლიმონი	limoni
orange	ფორთოხალი	portokhali
strawberry (garden ~)	მარწყვი	marts'qvi
mandarin	მანდარინი	mandarini
plum	ქლიავი	kliavi
peach	ატამი	at'ami
apricot	გარგარი	gargari
raspberry	ჟოლო	zholo
pineapple	ანანასი	ananasi
banana	ბანანი	banani
watermelon	საზამთრო	sazamtro
grape	ყურძენი	qurdzeni
sour cherry	ალუბალი	alubali
sweet cherry	ბალი	bali
melon	ნესვი	nesvi
grapefruit	გრეიფრუტი	greiprut'i
avocado	ავოკადო	avok'ado
papaya	პაპაია	p'ap'aia
mango	მანგო	mango
pomegranate	ბროწეული	brots'euli
redcurrant	წითელი მოცხარი	ts'iteli motskhari
blackcurrant	შავი მოცხარი	shavi motskhari

gooseberry	ხურტკმელი	khurt'k'meli
bilberry	მოცვი	motsvi
blackberry	მაყვალი	maqvali

raisin	ქიშმიში	kishmishi
fig	ლეღვი	leghvi
date	ფინიკი	pinik'i

peanut	მიწის თხილი	mits'is tkhili
almond	ნუში	nushi
walnut	კაკალი	k'ak'ali
hazelnut	თხილი	tkhili
coconut	ქოქოსის კაკალი	kokosis k'ak'ali
pistachios	ფსტა	pst'a

56. Bread. Candy

bakers' confectionery (pastry)	საკონდიტრო ნაწარმი	sak'ondit'ro nats'armi
bread	პური	p'uri
cookies	ნამცხვარი	namtskhvari

chocolate (n)	შოკოლადი	shok'oladi
chocolate (as adj)	შოკოლადისა	shok'oladisa
candy (wrapped)	კანფეტი	k'anpet'i
cake (e.g., cupcake)	ტკბილღვეზელა	t'k'bilghvezela
cake (e.g., birthday ~)	ტორტი	t'ort'i

| pie (e.g., apple ~) | ღვეზელი | ghvezeli |
| filling (for cake, pie) | შიგთავსი | shigtavsi |

jam (whole fruit jam)	მურაბა	muraba
marmalade	მარმელადი	marmeladi
wafers	ვაფლი	vapli
ice-cream	ნაყინი	naqini
pudding	პუდინგი	p'udingi

57. Spices

salt	მარილი	marili
salty (adj)	მლაშე	mlashe
to salt (vt)	მარილის მოყრა	marilis moqra

black pepper	პილპილი	p'ilp'ili
red pepper (milled ~)	წიწაკა	ts'its'ak'a
mustard	მდოგვი	mdogvi
horseradish	პირშუშხა	p'irshushkha
condiment	სანელებელი	sanelebeli

spice	სუნელი	suneli
sauce	სოუსი	sousi
vinegar	ძმარი	dzmari
anise	ანისული	anisuli
basil	რეჰანი	rehani
cloves	მიხაკი	mikhak'i
ginger	კოჭა	k'och'a
coriander	ქინძი	kindzi
cinnamon	დარიჩინი	darichini
sesame	ქუნჟუტი	kunzhut'i
bay leaf	დაფნის ფოთოლი	dapnis potoli
paprika	წიწაკა	ts'its'ak'a
caraway	კვლიავი	k'vliavi
saffron	ზაფრანა	zaprana

PERSONAL INFORMATION. FAMILY

58. Personal information. Forms
59. Family members. Relatives
60. Friends. Coworkers

T&P Books Publishing

58. Personal information. Forms

name (first name)	სახელი	sakheli
surname (last name)	გვარი	gvari
date of birth	დაბადების თარიღი	dabadebis tarighi
place of birth	დაბადების ადგილი	dabadebis adgili
nationality	ეროვნება	erovneba
place of residence	საცხოვრებელი ადგილი	satskhovrebeli adgili
country	ქვეყანა	kveqana
profession (occupation)	პროფესია	p'ropesia
gender, sex	სქესი	skesi
height	სიმაღლე	simaghle
weight	წონა	ts'ona

59. Family members. Relatives

mother	დედა	deda
father	მამა	mama
son	ვაჟიშვილი	vazhishvili
daughter	ქალიშვილი	kalishvili
younger daughter	უმცროსი ქალიშვილი	umtsrosi kalishvili
younger son	უმცროსი ვაჟიშვილი	umtsrosi vazhishvili
eldest daughter	უფროსი ქალიშვილი	uprosi kalishvili
eldest son	უფროსი ვაჟიშვილი	uprosi vazhishvili
brother	ძმა	dzma
sister	და	da
mom, mommy	დედა	deda
dad, daddy	მამა	mama
parents	მშობლები	mshoblebi
child	შვილი	shvili
children	შვილები	shvilebi
grandmother	ბებია	bebia
grandfather	პაპა	p'ap'a
grandson	შვილიშვილი	shvilishvili
granddaughter	შვილიშვილი	shvilishvili
grandchildren	შვილიშვილები	shvilishvilebi
uncle	ბიძა	bidza
mother-in-law (wife's mother)	სიდედრი	sidedri

father-in-law (husband's father)	მამამთილი	mamamtili
son-in-law (daughter's husband)	სიძე	sidze
stepmother	დედინაცვალი	dedinatsvali
stepfather	მამინაცვალი	maminatsvali
infant	ძუძუმწოვარა ბავშვი	dzudzumts'ovara bavshvi
baby (infant)	ჩვილი	chvili
little boy, kid	ბიჭუნა	bich'una
wife	ცოლი	tsoli
husband	ქმარი	kmari
spouse (husband)	მეუღლე	meughle
spouse (wife)	მეუღლე	meughle
married (masc.)	ცოლიანი	tsoliani
married (fem.)	გათხოვილი	gatkhovili
single (unmarried)	უცოლშვილო	utsolshvilo
bachelor	უცოლშვილო	utsolshvilo
divorced (masc.)	განქორწინებული	gankorts'inebuli
widow	ქვრივი	kvrivi
widower	ქვრივი	kvrivi
relative	ნათესავი	natesavi
close relative	ახლო ნათესავი	akhlo natesavi
distant relative	შორეული ნათესავი	shoreuli natesavi
relatives	ნათესავები	natesavebi
orphan (boy or girl)	ობოლი	oboli
guardian (of a minor)	მეურვე	meurve
to adopt (a boy)	შვილად აყვანა	shvilad aqvana
to adopt (a girl)	შვილად აყვანა	shvilad aqvana

60. Friends. Coworkers

friend (masc.)	მეგობარი	megobari
friend (fem.)	მეგობარი	megobari
friendship	მეგობრობა	megobroba
to be friends	მეგობრობა	megobroba
buddy (masc.)	ძმაკაცი	dzmak'atsi
buddy (fem.)	დაქალი	dakali
partner	პარტნიორი	p'art'niori
chief (boss)	შეფი	shepi
superior (n)	უფროსი	uprosi
subordinate (n)	ხელქვეითი	khelkveiti
colleague	კოლეგა	k'olega
acquaintance (person)	ნაცნობი	natsnobi

fellow traveler	თანამგზავრი	tanamgzavri
classmate	თანაკლასელი	tanak'laseli
neighbor (masc.)	მეზობელი	mezobeli
neighbor (fem.)	მეზობელი	mezobeli
neighbors	მეზობლები	mezoblebi

HUMAN BODY. MEDICINE

61. Head
62. Human body
63. Diseases
64. Symptoms. Treatments. Part 1
65. Symptoms. Treatments. Part 2
66. Symptoms. Treatments. Part 3
67. Medicine. Drugs. Accessories

T&P Books Publishing

61. Head

head	თავი	tavi
face	სახე	sakhe
nose	ცხვირი	tskhviri
mouth	პირი	p'iri
eye	თვალი	tvali
eyes	თვალები	tvalebi
pupil	გუგა	guga
eyebrow	წარბი	ts'arbi
eyelash	წამწამი	ts'amts'ami
eyelid	ქუთუთო	kututo
tongue	ენა	ena
tooth	კბილი	k'bili
lips	ტუჩები	t'uchebi
cheekbones	ყვრიმალები	qvrimalebi
gum	ღრძილი	ghrdzili
palate	სასა	sasa
nostrils	ნესტოები	nest'oebi
chin	ნიკაპი	nik'ap'i
jaw	ყბა	qba
cheek	ლოყა	loqa
forehead	შუბლი	shubli
temple	საფეთქელი	sapetkeli
ear	ყური	quri
back of the head	კეფა	k'epa
neck	კისერი	k'iseri
throat	ყელი	qeli
hair	თმები	tmebi
hairstyle	ვარცხნილობა	vartskhniloba
haircut	შეკრეჭილი თმა	shek'rech'ili tma
wig	პარიკი	p'arik'i
mustache	ულვაშები	ulvashebi
beard	წვერი	ts'veri
to have (a beard, etc.)	ტარება	t'areba
braid	ნაწნავი	nats'navi
sideburns	ბაკენბარდები	bak'enbardebi
red-haired (adj)	წითური	ts'ituri
gray (hair)	ჭაღარა	ch'aghara

bald (adj)	მელოტი	melot'i
bald patch	მელოტი	melot'i
ponytail	კუდი	k'udi
bangs	შუბლზე შეჭრილი თმა	shublze shech'rili tma

62. Human body

hand	მტევანი	mt'evani
arm	მკლავი	mk'lavi
finger	თითი	titi
thumb	ცერა თითი	tsera titi
little finger	ნეკი	nek'i
nail	ფრჩხილი	prchkhili
fist	მუშტი	musht'i
palm	ხელისგული	khelisguli
wrist	მაჯა	maja
forearm	წინამხარი	ts'inamkhari
elbow	იდაყვი	idaqvi
shoulder	მხარი	mkhari
leg	ფეხი	pekhi
foot	ტერფი	t'erpi
knee	მუხლი	mukhli
calf (part of leg)	წვივი	ts'vivi
hip	თეძო	tedzo
heel	ქუსლი	kusli
body	ტანი	t'ani
stomach	მუცელი	mutseli
chest	მკერდი	mk'erdi
breast	მკერდი	mk'erdi
flank	გვერდი	gverdi
back	ზურგი	zurgi
lower back	წელი	ts'eli
waist	წელი	ts'eli
navel (belly button)	ჭიპი	ch'ip'i
buttocks	დუნდულები	dundulebi
bottom	საჯდომი	sajdomi
beauty mark	ხალი	khali
tattoo	ტატუირება	t'at'uireba
scar	ნაიარევი	naiarevi

63. Diseases

sickness	ავადმყოფობა	avadmqopoba
to be sick	ავადმყოფობა	avadmqopoba
health	ჯანმრთელობა	janmrteloba
runny nose (coryza)	სურდო	surdo
tonsillitis	ანგინა	angina
cold (illness)	გაციება	gatsiveba
to catch a cold	გაციება	gatsiveba
bronchitis	ბრონქიტი	bronkit'i
pneumonia	ფილტვების ანთება	pilt'vebis anteba
flu, influenza	გრიპი	grip'i
nearsighted (adj)	ახლომხედველი	akhlomkhedveli
farsighted (adj)	შორსმხედველი	shorsmkhedveli
strabismus (crossed eyes)	სიელმე	sielme
cross-eyed (adj)	ელამი	elami
cataract	კატარაქტა	k'at'arakt'a
glaucoma	გლაუკომა	glauk'oma
stroke	ინსულტი	insult'i
heart attack	ინფარქტი	inparkt'i
myocardial infarction	მიოკარდის ინფარქტი	miok'ardis inparkt'i
paralysis	დამბლა	dambla
to paralyze (vt)	დამბლის დაცემა	damblis datsema
allergy	ალერგია	alergia
asthma	ასთმა	astma
diabetes	დიაბეტი	diabet'i
toothache	კბილის ტკივილი	k'bilis t'k'ivili
caries	კარიესი	k'ariesi
diarrhea	დიარეა	diarea
constipation	კუჭში შეკრულობა	k'uch'shi shek'ruloba
stomach upset	კუჭის აშლილობა	k'uch'is ashliloba
food poisoning	მოწამვლა	mots'amvla
to get food poisoning	მოწამვლა	mots'amvla
arthritis	ართრიტი	artrit'i
rickets	რაქიტი	rakit'i
rheumatism	რევმატიზმი	revmat'izmi
atherosclerosis	ათეროსკლეროზი	aterosk'lerozi
gastritis	გასტრიტი	gast'rit'i
appendicitis	აპენდიციტი	ap'enditsit'i
cholecystitis	ქოლეცისტიტი	koletsist'it'i
ulcer	წყლული	ts'qluli
measles	წითელა	ts'itela

rubella (German measles)	წითურა	ts'itura
jaundice	სიყვითლე	siqvitle
hepatitis	ჰეპატიტი	hep'at'it'i
schizophrenia	შიზოფრენია	shizoprenia
rabies (hydrophobia)	ცოფი	tsopi
neurosis	ნევროზი	nevrozi
concussion	ტვინის შერყევა	t'vinis sherqeva
cancer	კიბო	k'ibo
sclerosis	სკლეროზი	sk'lerozi
multiple sclerosis	გაფანტული სკლეროზი	gapant'uli sk'lerozi
alcoholism	ალკოჰოლიზმი	alk'oholizmi
alcoholic (n)	ალკოჰოლიკი	alk'oholik'i
syphilis	სიფილისი	sipilisi
AIDS	შიდსი	shidsi
tumor	სიმსივნე	simsivne
fever	ციება	tsieba
malaria	მალარია	malaria
gangrene	განგრენა	gangrena
seasickness	ზღვის ავადმყოფობა	zghvis avadmqopoba
epilepsy	ეპილეფსია	ep'ilepsia
epidemic	ეპიდემია	ep'idemia
typhus	ტიფი	t'ipi
tuberculosis	ტუბერკულოზი	t'uberk'ulozi
cholera	ქოლერა	kolera
plague (bubonic ~)	შავი ჭირი	shavi ch'iri

64. Symptoms. Treatments. Part 1

symptom	სიმპტომი	simp't'omi
temperature	სიცხე	sitskhe
high temperature (fever)	მაღალი სიცხე	maghali sitskhe
pulse (heartbeat)	პულსი	p'ulsi
dizziness (vertigo)	თავბრუსხვევა	tavbruskhveva
hot (adj)	ცხელი	tskheli
shivering	შეციება	shetsieba
pale (e.g., ~ face)	ფერმიხდილი	permikhdili
cough	ხველა	khvela
to cough (vi)	ხველება	khveleba
to sneeze (vi)	ცხვირის ცემინება	tskhviris tsemineba
faint	გულის წასვლა	gulis ts'asvla
to faint (vi)	გულის წასვლა	gulis ts'asvla
bruise (hématome)	ლები	lebi
bump (lump)	კოპი	k'op'i

to bang (bump)	დაჯახება	dajakheba
contusion (bruise)	დაჟეჟილობა	dazhezhiloba
to get a bruise	დაჟეჟვა	dazhezhva

to limp (vi)	კოჭლობა	k'och'loba
dislocation	ღრძობა	ghrdzoba
to dislocate (vt)	ღრძობა	ghrdzoba
fracture	მოტეხილობა	mot'ekhiloba
to have a fracture	მოტეხა	mot'ekha

cut (e.g., paper ~)	ჭრილობა	ch'riloba
to cut oneself	გაჭრა	gach'ra
bleeding	სისხლდენა	siskhldena

| burn (injury) | დამწვრობა | damts'vroba |
| to get burned | დაწვა | dats'va |

to prick (vt)	ჩხვლეტა	chkhvlet'a
to prick oneself	ჩხვლეტა	chkhvlet'a
to injure (vt)	დაზიანება	dazianeba
injury	დაზიანება	dazianeba
wound	ჭრილობა	ch'riloba
trauma	ტრავმა	t'ravma

to be delirious	ბოდვა	bodva
to stutter (vi)	ბორძიკით ლაპარაკი	bordzik'it lap'arak'i
sunstroke	მზის დაკვრა	mzis dak'vra

65. Symptoms. Treatments. Part 2

| pain, ache | ტკივილი | t'k'ivili |
| splinter (in foot, etc.) | ხიწვი | khits'vi |

sweat (perspiration)	ოფლი	opli
to sweat (perspire)	გაოფლიანება	gaoplianeba
vomiting	პირღებინება	p'irghebineba
convulsions	კრუნჩხვები	k'runchkhvebi

pregnant (adj)	ორსული	orsuli
to be born	დაბადება	dabadeba
delivery, labor	მშობიარობა	mshobiaroba
to deliver (~ a baby)	გაჩენა	gachena
abortion	აბორტი	abort'i

breathing, respiration	სუნთქვა	suntkva
in-breath (inhalation)	შესუნთქვა	shesuntkva
out-breath (exhalation)	ამოსუნთქვა	amosuntkva
to exhale (breathe out)	ამოსუნთქვა	amosuntkva
to inhale (vi)	შესუნთქვა	shesuntkva
disabled person	ინვალიდი	invalidi

| cripple | ხეიბარი | kheibari |
| drug addict | ნარკომანი | nark'omani |

deaf (adj)	ყრუ	qru
mute (adj)	მუნჯი	munji
deaf mute (adj)	ყრუ-მუნჯი	qru-munji

mad, insane (adj)	გიჟი	gizhi
madman (demented person)	გიჟი	gizhi
madwoman	გიჟი	gizhi
to go insane	ჭკუაზე შეშლა	ch'k'uaze sheshla

gene	გენი	geni
immunity	იმუნიტეტი	imunit'et'i
hereditary (adj)	მემკვიდრეობითი	memk'vidreobiti
congenital (adj)	თანდაყოლილი	tandaqolili

virus	ვირუსი	virusi
microbe	მიკრობი	mik'robi
bacterium	ბაქტერია	bakt'eria
infection	ინფექცია	inpektsia

66. Symptoms. Treatments. Part 3

| hospital | საავადმყოფო | saavadmqopo |
| patient | პაციენტი | p'atsient'i |

diagnosis	დიაგნოზი	diagnozi
cure	მკურნალობა	mk'urnaloba
to get treatment	მკურნალობა	mk'urnaloba
to treat (~ a patient)	მკურნალობა	mk'urnaloba
to nurse (look after)	მოვლა	movla
care (nursing ~)	მოვლა	movla

operation, surgery	ოპერაცია	op'eratsia
to bandage (head, limb)	შეხვევა	shekhveva
bandaging	სახვევი	sakhvevi

vaccination	აცრა	atsra
to vaccinate (vt)	აცრის გაკეთება	atsris gak'eteba
injection, shot	ნემსი	nemsi
to give an injection	ნემსის გაკეთება	nemsis gak'eteba

attack	შეტევა	shet'eva
amputation	ამპუტაცია	amp'ut'atsia
to amputate (vt)	ამპუტირება	amp'ut'ireba
coma	კომა	k'oma
to be in a coma	კომაში ყოფნა	k'omashi qopna
intensive care	რეანიმაცია	reanimatsia

to recover (~ from flu)	გამოჯანმრთელება	gamojanmrteleba
condition (patient's ~)	მდგომარეობა	mdgomareoba
consciousness	ცნობიერება	tsnobiereba
memory (faculty)	მეხსიერება	mekhsiereba

to pull out (tooth)	ამოღება	amogheba
filling	ბჟენი	bzheni
to fill (a tooth)	დაბჟენა	dabzhena

hypnosis	ჰიპნოზი	hip'nozi
to hypnotize (vt)	ჰიპნოტიზირება	hip'not'izireba

67. Medicine. Drugs. Accessories

medicine, drug	წამალი	ts'amali
remedy	საშუალება	sashualeba
to prescribe (vt)	გამოწერა	gamots'era
prescription	რეცეპტი	retsep't'i

tablet, pill	აბი	abi
ointment	მალამო	malamo
ampule	ამპულა	amp'ula
mixture, solution	მიქსტურა	mikst'ura
syrup	სიროფი	siropi
capsule	აბი	abi
powder	ფხვნილი	pkhvnili

gauze bandage	ბინტი	bint'i
cotton wool	ბამბა	bamba
iodine	იოდი	iodi

Band-Aid	ლეიკოპლასტირი	leik'op'last'iri
eyedropper	პიპეტი	p'ip'et'i
thermometer	სიცხის საზომი	sitskhis sazomi
syringe	შპრიცი	shp'ritsi

wheelchair	ეტლი	et'li
crutches	ყავარჯნები	qavarjnebi

painkiller	ტკივილგამაყუჩებელი	t'k'ivilgamaquchebeli
laxative	სასაქმებელი	sasakmebeli
spirits (ethanol)	სპირტი	sp'irt'i
medicinal herbs	ბალახი	balakhi
herbal (~ tea)	ბალახისა	balakhisa

APARTMENT

68. Apartment
69. Furniture. Interior
70. Bedding
71. Kitchen
72. Bathroom
73. Household appliances

T&P Books Publishing

68. Apartment

apartment	ბინა	bina
room	ოთახი	otakhi
bedroom	საწოლი ოთახი	sats'oli otakhi
dining room	სასადილო ოთახი	sasadilo otakhi
living room	სასტუმრო ოთახი	sast'umro otakhi
study (home office)	კაბინეტი	k'abinet'i
entry room	წინა ოთახი	ts'ina otakhi
bathroom (room with a bath or shower)	სააბაზანო ოთახი	saabazano otakhi
half bath	საპირფარეშო	sap'irparesho
ceiling	ჭერი	ch'eri
floor	იატაკი	iat'ak'i
corner	კუთხე	k'utkhe

69. Furniture. Interior

furniture	ავეჯი	aveji
table	მაგიდა	magida
chair	სკამი	sk'ami
bed	საწოლი	sats'oli
couch, sofa	დივანი	divani
armchair	სავარძელი	savardzeli
bookcase	კარადა	k'arada
shelf	თარო	taro
wardrobe	კარადა	k'arada
coat rack (wall-mounted ~)	საკიდი	sak'idi
coat stand	საკიდი	sak'idi
bureau, dresser	კომოდი	k'omodi
coffee table	ჟურნალების მაგიდა	zhurnalebis magida
mirror	სარკე	sark'e
carpet	ხალიჩა	khalicha
rug, small carpet	პატარა ნოხი	p'at'ara nokhi
fireplace	ბუხარი	bukhari
candle	სანთელი	santeli
candlestick	შანდალი	shandali

drapes	ფარდები	pardebi
wallpaper	შპალერი	shp'aleri
blinds (jalousie)	ჟალუზი	zhaluzi

table lamp	მაგიდის ლამპა	magidis lamp'a
wall lamp (sconce)	ლამპარი	lamp'ari
floor lamp	ტორშერი	t'orsheri
chandelier	ჭაღი	ch'aghi

leg (of chair, table)	ფეხი	pekhi
armrest	საიდაყვე	saidaqve
back (backrest)	ზურგი	zurgi
drawer	უჯრა	ujra

70. Bedding

bedclothes	თეთრეული	tetreuli
pillow	ბალიში	balishi
pillowcase	ბალიშისპირი	balishisp'iri
duvet, comforter	საბანი	sabani
sheet	ზეწარი	zets'ari
bedspread	გადასაფარებელი	gadasaparebeli

71. Kitchen

kitchen	სამზარეულო	samzareulo
gas	აირი	airi
gas stove (range)	გაზქურა	gazkura
electric stove	ელექტროქურა	elekt'rokura
oven	ფურნაკი	purnak'i
microwave oven	მიკროტალღოვანი ღუმელი	mik'rot'alghovani ghumeli

refrigerator	მაცივარი	matsivari
freezer	საყინულე	saqinule
dishwasher	ჭურჭლის სარეცხი მანქანა	ch'urch'lis saretskhi mankana

meat grinder	ხორცსაკეპი	khortssak'ep'i
juicer	წვენსაწური	ts'vensats'uri
toaster	ტოსტერი	t'ost'eri
mixer	მიქსერი	mikseri

coffee machine	ყავის სახარში	qavis sakharshi
coffee pot	ყავადანი	qavadani
coffee grinder	ყავის საფქვავი	qavis sapkvavi
kettle	ჩაიდანი	chaidani
teapot	ჩაიდანი	chaidani

lid	ხუფი	khupi
tea strainer	საწური	sats'uri
spoon	კოვზი	k'ovzi
teaspoon	ჩაის კოვზი	chais k'ovzi
soup spoon	სადილის კოვზი	sadilis k'ovzi
fork	ჩანგალი	changali
knife	დანა	dana
tableware (dishes)	ჭურჭელი	ch'urch'eli
plate (dinner ~)	თეფში	tepshi
saucer	ლამბაქი	lambaki
shot glass	სირჩა	sircha
glass (tumbler)	ჭიქა	ch'ika
cup	ფინჯანი	pinjani
sugar bowl	საშაქრე	sashakre
salt shaker	სამარილე	samarile
pepper shaker	საპილპილე	sap'ilp'ile
butter dish	საკარაქე	sak'arake
stock pot (soup pot)	ქვაბი	kvabi
frying pan (skillet)	ტაფა	t'apa
ladle	ჩამჩა	chamcha
colander	თუშფალანგი	tushpalangi
tray (serving ~)	ლანგარი	langari
bottle	ბოთლი	botli
jar (glass)	ქილა	kila
can	ქილა	kila
bottle opener	გასახსნელი	gasakhsneli
can opener	გასახსნელი	gasakhsneli
corkscrew	შტოპორი	sht'op'ori
filter	ფილტრი	pilt'ri
to filter (vt)	ფილტვრა	pilt'vra
trash, garbage (food waste, etc.)	ნაგავი	nagavi
trash can (kitchen ~)	სანაგვე ვედრო	sanagve vedro

72. Bathroom

bathroom	სააბაზანო ოთახი	saabazano otakhi
water	წყალი	ts'qali
faucet	ონკანი	onk'ani
hot water	ცხელი წყალი	tskheli ts'qali
cold water	ცივი წყალი	tsivi ts'qali
toothpaste	კბილის პასტა	k'bilis p'ast'a

to brush one's teeth	კბილების წმენდა	k'bilebis ts'menda
to shave (vi)	პარსვა	p'arsva
shaving foam	საპარსი ქაფი	sap'arsi kapi
razor	სამართებელი	samartebeli
to wash (one's hands, etc.)	რეცხვა	retskhva
to take a bath	დაბანა	dabana
shower	შხაპი	shkhap'i
to take a shower	შხაპის მიღება	shkhap'is migheba
bathtub	აბაზანა	abazana
toilet (toilet bowl)	უნიტაზი	unit'azi
sink (washbasin)	ნიჟარა	nizhara
soap	საპონი	sap'oni
soap dish	სასაპნე	sasap'ne
sponge	ღრუბელი	ghrubeli
shampoo	შამპუნი	shamp'uni
towel	პირსახოცი	p'irsakhotsi
bathrobe	ხალათი	khalati
laundry (laundering)	რეცხვა	retskhva
washing machine	სარეცხი მანქანა	saretskhi mankana
to do the laundry	თეთრეულის რეცვხა	tetreulis retsvkha
laundry detergent	სარეცხი ფხვნილი	saretskhi pkhvnili

73. Household appliances

TV set	ტელევიზორი	t'elevizori
tape recorder	მაგნიტოფონი	magnit'oponi
VCR (video recorder)	ვიდეომაგნიტოფონი	videomagnit'oponi
radio	მიმღები	mimghebi
player (CD, MP3, etc.)	ფლეერი	pleeri
video projector	ვიდეოპროექტორი	videop'roekt'ori
home movie theater	სახლის კინოთეატრი	sakhlis k'inoteat'ri
DVD player	DVD-საკრავი	DVD-sak'ravi
amplifier	გამაძლიერებელი	gamadzlierebeli
video game console	სათამაშო მისადგამი	satamasho misadgami
video camera	ვიდეოკამერა	videok'amera
camera (photo)	ფოტოაპარატი	pot'oap'arat'i
digital camera	ციფრული ფოტოაპარატი	tsipruli pot'oap'arat'i
vacuum cleaner	მტვერსასრუტი	mt'versasrut'i
iron (e.g., steam ~)	უთო	uto
ironing board	საუთოებელი დაფა	sautoebeli dapa
telephone	ტელეფონი	t'eleponi
cell phone	მობილური ტელეფონი	mobiluri t'eleponi

typewriter	მანქანა	mankana
sewing machine	მანქანა	mankana
microphone	მიკროფონი	mik'roponi
headphones	საყურისი	saqurisi
remote control (TV)	პულტი	p'ult'i
CD, compact disc	CD-დისკი	CD-disk'i
cassette, tape	კასეტი	k'aset'i
vinyl record	ფირფიტა	pirpit'a

T&P BOOKS

THE EARTH. WEATHER

74. Outer space
75. The Earth
76. Cardinal directions
77. Sea. Ocean
78. Seas' and Oceans' names
79. Mountains
80. Mountains names
81. Rivers
82. Rivers' names
83. Forest
84. Natural resources
85. Weather
86. Severe weather. Natural disasters

T&P Books Publishing

74. Outer space

space	კოსმოსი	k'osmosi
space (as adj)	კოსმოსური	k'osmosuri
outer space	კოსმოსური სივრცე	k'osmosuri sivrtse
world	მსოფლიო	msoplio
universe	სამყარო	samqaro
galaxy	გალაქტიკა	galakt'ik'a
star	ვარსკვლავი	varsk'vlavi
constellation	თანავარსკვლავედი	tanavarsk'vlavedi
planet	პლანეტა	p'lanet'a
satellite	თანამგზავრი	tanamgzavri
meteorite	მეტეორიტი	met'eorit'i
comet	კომეტა	k'omet'a
asteroid	ასტეროიდი	ast'eroidi
orbit	ორბიტა	orbit'a
to revolve (~ around the Earth)	ბრუნვა	brunva
atmosphere	ატმოსფერო	at'mospero
the Sun	მზე	mze
solar system	მზის სისტემა	mzis sist'ema
solar eclipse	მზის დაბნელება	mzis dabneleba
the Earth	დედამიწა	dedamits'a
the Moon	მთვარე	mtvare
Mars	მარსი	marsi
Venus	ვენერა	venera
Jupiter	იუპიტერი	iup'it'eri
Saturn	სატურნი	sat'urni
Mercury	მერკური	merk'uri
Uranus	ურანი	urani
Neptune	ნეპტუნი	nep't'uni
Pluto	პლუტონი	p'lut'oni
Milky Way	ირმის ნახტომი	irmis nakht'omi
Great Bear (Ursa Major)	დიდი დათვი	didi datvi
North Star	პოლარული ვარსკვლავი	p'olaruli varsk'vlavi
Martian	მარსიელი	marsieli
extraterrestrial (n)	უცხოპლანეტელი	utskhop'lanet'eli

alien	სხვა სამყაროდან ჩამოსული	skhva samqarodan chamosuli
flying saucer	მფრინავი თეფში	mprinavi tepshi
spaceship	კოსმოსური ხომალდი	k'osmosuri khomaldi
space station	ორბიტალური სადგური	orbit'aluri sadguri
blast-off	სტარტი	st'art'i
engine	ძრავა	dzrava
nozzle	საქშენი	saksheni
fuel	საწვავი	sats'vavi
cockpit, flight deck	კაბინა	k'abina
antenna	ანტენა	ant'ena
porthole	ილუმინატორი	iluminat'ori
solar panel	მზის ბატარეა	mzis bat'area
spacesuit	სკაფანდრი	sk'apandri
weightlessness	უწონადობა	uts'onadoba
oxygen	ჟანგბადი	zhangbadi
docking (in space)	შეერთება	sheerteba
to dock (vi, vt)	შეერთების წარმოება	sheertebis ts'armoeba
observatory	ობსერვატორია	observat'oria
telescope	ტელესკოპი	t'elesk'op'i
to observe (vt)	დაკვირვება	dak'virveba
to explore (vt)	გამოკვლევა	gamok'vleva

75. The Earth

the Earth	დედამიწა	dedamits'a
the globe (the Earth)	დედამიწის სფერო	dedamits'is spero
planet	პლანეტა	p'lanet'a
atmosphere	ატმოსფერო	at'mospero
geography	გეოგრაფია	geograpia
nature	ბუნება	buneba
globe (table ~)	გლობუსი	globusi
map	რუქა	ruka
atlas	ატლასი	at'lasi
Europe	ევროპა	evrop'a
Asia	აზია	azia
Africa	აფრიკა	aprik'a
Australia	ავსტრალია	avst'ralia
America	ამერიკა	amerik'a
North America	ჩრდილოეთ ამერიკა	chrdiloet amerik'a

South America	სამხრეთ ამერიკა	samkhret amerik'a
Antarctica	ანტარქტიდა	ant'arkt'ida
the Arctic	არქტიკა	arkt'ik'a

76. Cardinal directions

north	ჩრდილოეთი	chrdiloeti
to the north	ჩრდილოეთისკენ	chrdiloetisk'en
in the north	ჩრდილოეთში	chrdiloetshi
northern (adj)	ჩრდილოეთის	chrdiloetis
south	სამხრეთი	samkhreti
to the south	სამხრეთისკენ	samkhretisk'en
in the south	სამხრეთში	samkhretshi
southern (adj)	სამხრეთის	samkhretis
west	დასავლეთი	dasavleti
to the west	დასავლეთისკენ	dasavletisk'en
in the west	დასავლეთში	dasavletshi
western (adj)	დასავლეთის	dasavletis
east	აღმოსავლეთი	aghmosavleti
to the east	აღმოსავლეთისკენ	aghmosavletisk'en
in the east	აღმოსავლეთში	aghmosavletshi
eastern (adj)	აღმოსავლეთის	aghmosavletis

77. Sea. Ocean

sea	ზღვა	zghva
ocean	ოკეანე	ok'eane
gulf (bay)	ყურე	qure
straits	სრუტე	srut'e
continent (mainland)	მატერიკი	mat'erik'i
island	კუნძული	k'undzuli
peninsula	ნახევარკუნძული	nakhevark'undzuli
archipelago	არქიპელაგი	arkip'elagi
bay, cove	ყურე	qure
harbor	ნავსადგური	navsadguri
lagoon	ლაგუნა	laguna
cape	კონცხი	k'ontskhi
atoll	ატოლი	at'oli
reef	რიფი	ripi
coral	მარჯანი	marjani
coral reef	მარჯნის რიფი	marjnis ripi
deep (adj)	ღრმა	ghrma

depth (deep water)	სიღრმე	sighrme
abyss	უფსკრული	upsk'ruli
trench (e.g., Mariana ~)	ღრმული	ghrmuli
current (Ocean ~)	დინება	dineba
to surround (bathe)	გაბანა	gabana
shore	ნაპირი	nap'iri
coast	სანაპირო	sanap'iro
flow (flood tide)	მოქცევა	moktseva
ebb (ebb tide)	მიქცევა	miktseva
shoal	მეჩეჩი	mechechi
bottom (~ of the sea)	ფსკერი	psk'eri
wave	ტალღა	t'algha
crest (~ of a wave)	ტალღის ქოჩორი	t'alghis kochori
spume (sea foam)	ქაფი	kapi
storm (sea storm)	ქარიშხალი	karishkhali
hurricane	გრიგალი	grigali
tsunami	ცუნამი	tsunami
calm (dead ~)	მყუდროება	mqudroeba
quiet, calm (adj)	წყნარი	ts'qnari
pole	პოლუსი	p'olusi
polar (adj)	პოლარული	p'olaruli
latitude	განედი	ganedi
longitude	გრძედი	grdzedi
parallel	პარალელი	p'araleli
equator	ეკვატორი	ek'vat'ori
sky	ცა	tsa
horizon	ჰორიზონტი	horizont'i
air	ჰაერი	haeri
lighthouse	შუქურა	shukura
to dive (vi)	ყვინთვა	qvintva
to sink (ab. boat)	ჩაძირვა	chadzirva
treasure	განძი	gandzi

78. Seas' and Oceans' names

Atlantic Ocean	ატლანტის ოკეანე	at'lant'is ok'eane
Indian Ocean	ინდოეთის ოკეანე	indoetis ok'eane
Pacific Ocean	წყნარი ოკეანე	ts'qnari ok'eane
Arctic Ocean	ჩრდილოეთის ყინულოვანი ოკეანე	chrdiloetis qinulovani ok'eane
Black Sea	შავი ზღვა	shavi zghva

Red Sea	წითელი ზღვა	ts'iteli zghva
Yellow Sea	ყვითელი ზღვა	qviteli zghva
White Sea	თეთრი ზღვა	tetri zghva

Caspian Sea	კასპიის ზღვა	k'asp'iis zghva
Dead Sea	მკვდარი ზღვა	mk'vdari zghva
Mediterranean Sea	ხმელთაშუა ზღვა	khmeltashua zghva

| Aegean Sea | ეგეოსის ზღვა | egeosis zghva |
| Adriatic Sea | ადრიატიკის ზღვა | adriat'ik'is zghva |

Arabian Sea	არავიის ზღვა	araviis zghva
Sea of Japan	იაპონიის ზღვა	iap'oniis zghva
Bering Sea	ბერინგის ზღვა	beringis zghva
South China Sea	სამხრეთ-ჩინეთის ზღვა	samkhret-chinetis zghva

Coral Sea	მარჯნის ზღვა	marjnis zghva
Tasman Sea	ტასმანიის ზღვა	t'asmaniis zghva
Caribbean Sea	კარიბის ზღვა	k'aribis zghva

| Barents Sea | ბარენცის ზღვა | barentsis zghva |
| Kara Sea | კარსის ზღვა | k'arsis zghva |

North Sea	ჩრდილოეთის ზღვა	chrdiloetis zghva
Baltic Sea	ბალტიის ზღვა	balt'iis zghva
Norwegian Sea	ნორვეგიის ზღვა	norvegiis zghva

79. Mountains

mountain	მთა	mta
mountain range	მთების ჯაჭვი	mtebis jach'vi
mountain ridge	მთის ქედი	mtis kedi

summit, top	მწვერვალი	mts'vervali
peak	პიკი	p'ik'i
foot (~ of the mountain)	მთის ძირი	mtis dziri
slope (mountainside)	ფერდობი	perdobi

volcano	ვულკანი	vulk'ani
active volcano	მოქმედი ვულკანი	mokmedi vulk'ani
dormant volcano	ჩამქრალი ვულკანი	chamkrali vulk'ani

eruption	ამოფრქვევა	amoprkveva
crater	კრატერი	k'rat'eri
magma	მაგმა	magma
lava	ლავა	lava
molten (~ lava)	გავარვარებული	gavarvarebuli

| canyon | კანიონი | k'anioni |
| gorge | ხეობა | kheoba |

crevice	ნაპრალი	nap'rali
pass, col	უღელტეხილი	ughelt'ekhili
plateau	პლატო	p'lat'o
cliff	კლდე	k'lde
hill	ბორცვი	bortsvi

glacier	მყინვარი	mqinvari
waterfall	ჩანჩქერი	chanchkeri
geyser	გეიზერი	geizeri
lake	ტბა	t'ba

plain	ვაკე	vak'e
landscape	პეიზაჟი	p'eizazhi
echo	ექო	eko

alpinist	ალპინისტი	alp'inist'i
rock climber	მთასვლელი	mtasvleli
to conquer (in climbing)	დაპყრობა	dap'qroba
climb (an easy ~)	ასვლა	asvla

80. Mountains names

The Alps	ალპები	alp'ebi
Mont Blanc	მონბლანი	monblani
The Pyrenees	პირენეები	p'ireneebi

The Carpathians	კარპატები	k'arp'at'ebi
The Ural Mountains	ურალის მთები	uralis mtebi
The Caucasus Mountains	კავკასია	k'avk'asia
Mount Elbrus	იალბუზი	ialbuzi

The Altai Mountains	ალტაი	alt'ai
The Tian Shan	ტიან-შანი	t'ian-shani
The Pamirs	პამირი	p'amiri
The Himalayas	ჰიმალაი	himalai
Mount Everest	ევერესტი	everest'i

| The Andes | ანდები | andebi |
| Mount Kilimanjaro | კილიმანჯარო | k'ilimanjaro |

81. Rivers

river	მდინარე	mdinare
spring (natural source)	წყარო	ts'qaro
riverbed (river channel)	კალაპოტი	k'alap'ot'i
basin (river valley)	აუზი	auzi
to flow into ...	ჩადინება	chadineba
tributary	შენაკადი	shenak'adi

bank (of river)	ნაპირი	nap'iri
current (stream)	დინება	dineba
downstream (adv)	დინების ქვემოთ	dinebis kvemot
upstream (adv)	დინების ზემოთ	dinebis zemot
inundation	წყალდიდობა	ts'qaldidoba
flooding	წყალდიდობა	ts'qaldidoba
to overflow (vi)	გადმოსვლა	gadmosvla
to flood (vt)	დატბორვა	dat'borva
shallow (shoal)	თავთხელი	tavtkheli
rapids	ზღურბლი	zghurbli
dam	კაშხალი	k'ashkhali
canal	არხი	arkhi
reservoir (artificial lake)	წყალსაცავი	ts'qalsatsavi
sluice, lock	რაბი	rabi
water body (pond, etc.)	წყალსატევი	ts'qalsat'evi
swamp (marshland)	ჭაობი	ch'aobi
bog, marsh	ჭანჭრობი	ch'anch'robi
whirlpool	მორევი	morevi
stream (brook)	ნაკადული	nak'aduli
drinking (ab. water)	სასმელი	sasmeli
fresh (~ water)	მტკნარი	mt'k'nari
ice	ყინული	qinuli
to freeze over (ab. river, etc.)	გაყინვა	gaqinva

82. Rivers' names

Seine	სენა	sena
Loire	ლუარა	luara
Thames	ტემზა	t'emza
Rhine	რეინი	reini
Danube	დუნაი	dunai
Volga	ვოლგა	volga
Don	დონი	doni
Lena	ლენა	lena
Yellow River	ხუანხე	khuankhe
Yangtze	იანძი	iandzi
Mekong	მეკონგი	mek'ongi
Ganges	განგი	gangi
Nile River	ნილოსი	nilosi
Congo River	კონგო	k'ongo

Okavango River	ოკავანგო	ok'avango
Zambezi River	ზამბეზი	zambezi
Limpopo River	ლიმპოპო	limp'op'o
Mississippi River	მისისიპი	misisip'i

83. Forest

forest, wood	ტყე	t'qe
forest (as adj)	ტყის	t'qis
thick forest	ტევრი	t'evri
grove	ჭალა	ch'ala
forest clearing	მინდორი	mindori
thicket	ბარდები	bardebi
scrubland	ბუჩქნარი	buchknari
footpath (troddenpath)	ბილიკი	bilik'i
gully	ხევი	khevi
tree	ხე	khe
leaf	ფოთოლი	potoli
leaves (foliage)	ფოთლეული	potleuli
fall of leaves	ფოთოლცვენა	potoltsvena
to fall (ab. leaves)	ცვენა	tsvena
top (of the tree)	კენწერო	k'ents'ero
branch	ტოტი	t'ot'i
bough	ნუჟრი	nuzhri
bud (on shrub, tree)	კვირტი	k'virt'i
needle (of pine tree)	წიწვი	ts'its'vi
pine cone	გირჩი	girchi
tree hollow	ფუღურო	pughuro
nest	ბუდე	bude
burrow (animal hole)	სორო	soro
trunk	ტანი	t'ani
root	ფესვი	pesvi
bark	ქერქი	kerki
moss	ხავსი	khavsi
to uproot (remove trees or tree stumps)	ამოძირკვა	amodzirk'va
to chop down	მოჭრა	moch'ra
to deforest (vt)	გაჩეხვა	gachekhva
tree stump	კუნძი	k'undzi
campfire	კოცონი	k'otsoni
forest fire	ხანძარი	khandzari

to extinguish (vt)	ჩაქრობა	chakroba
forest ranger	მეტყევე	met'qeve
protection	დაცვა	datsva
to protect (~ nature)	დაცვა	datsva
poacher	ბრაკონიერი	brak'onieri
steel trap	ხაფანგი	khapangi
to gather, to pick (vt)	კრეფა	k'repa
to lose one's way	გზის დაბნევა	gzis dabneva

84. Natural resources

natural resources	ბუნებრივი რესურსები	bunebrivi resursebi
minerals	სასარგებლო წიაღისეული	sasargeblo ts'iaghiseuli
deposits	საბადო	sabado
field (e.g., oilfield)	საბადო	sabado
to mine (extract)	მოპოვება	mop'oveba
mining (extraction)	მოპოვება	mop'oveba
ore	მადანი	madani
mine (e.g., for coal)	მადნეული	madneuli
shaft (mine ~)	შახტი	shakht'i
miner	მეშახტე	meshakht'e
gas (natural ~)	გაზი	gazi
gas pipeline	გაზსადენი	gazsadeni
oil (petroleum)	ნავთობი	navtobi
oil pipeline	ნავთობსადენი	navtobsadeni
oil well	ნავთობის კოშკურა	navtobis k'oshk'ura
derrick (tower)	საბურღი კოშკურა	saburghi k'oshk'ura
tanker	ტანკერი	t'ank'eri
sand	ქვიშა	kvisha
limestone	კირქვა	k'irkva
gravel	ხრეში	khreshi
peat	ტორფი	t'orpi
clay	თიხა	tikha
coal	ქვანახშირი	kvanakhshiri
iron (ore)	რკინა	rk'ina
gold	ოქრო	okro
silver	ვერცხლი	vertskhli
nickel	ნიკელი	nik'eli
copper	სპილენძი	sp'ilendzi
zinc	თუთია	tutia
manganese	მარგანეცი	marganetsi
mercury	ვერცხლისწყალი	vertskhlists'qali
lead	ტყვია	t'qvia

mineral	მინერალი	minerali
crystal	კრისტალი	k'rist'ali
marble	მარმარილო	marmarilo
uranium	ურანი	urani

85. Weather

weather	ამინდი	amindi
weather forecast	ამინდის პროგნოზი	amindis p'rognozi
temperature	ტემპერატურა	t'emp'erat'ura
thermometer	თერმომეტრი	termomet'ri
barometer	ბარომეტრი	baromet'ri
humidity	ტენიანობა	t'enianoba
heat (extreme ~)	სიცხე	sitskhe
hot (torrid)	ცხელი	tskheli
it's hot	ცხელი	tskheli
it's warm	თბილა	tbila
warm (moderately hot)	თბილი	tbili
it's cold	სიცივე	sitsive
cold (adj)	ცივი	tsivi
sun	მზე	mze
to shine (vi)	ანათებს	anatebs
sunny (day)	მზიანი	mziani
to come up (vi)	ამოსვლა	amosvla
to set (vi)	ჩასვლა	chasvla
cloud	ღრუბელი	ghrubeli
cloudy (adj)	ღრუბლიანი	ghrubliani
rain cloud	ღრუბელი	ghrubeli
somber (gloomy)	მოღრუბლული	moghrubluli
rain	წვიმა	ts'vima
it's raining	წვიმა მოდის	ts'vima modis
rainy (~ day, weather)	წვიმიანი	ts'vimiani
to drizzle (vi)	ჟინჟღვლა	zhinzhghvla
pouring rain	კოკისპირული	k'ok'isp'iruli
downpour	თავსხმა	tavskhma
heavy (e.g., ~ rain)	ძლიერი	dzlieri
puddle	გუბე	gube
to get wet (in rain)	დასველება	dasveleba
fog (mist)	ნისლი	nisli
foggy	ნისლიანი	nisliani
snow	თოვლი	tovli
it's snowing	თოვლი მოდის	tovli modis

86. Severe weather. Natural disasters

thunderstorm	ჭექა	ch'eka
lightning (~ strike)	მეხი	mekhi
to flash (vi)	ელვარება	elvareba

thunder	ქუხილი	kukhili
to thunder (vi)	ქუხილი	kukhili
it's thundering	ქუხს	kukhs

| hail | სეტყვა | set'qva |
| it's hailing | სეტყვა მოდის | set'qva modis |

| to flood (vt) | წალეკვა | ts'alek'va |
| flood, inundation | წყალდიდობა | ts'qaldidoba |

earthquake	მიწისძვრა	mits'isdzvra
tremor, shoke	ბიძგი	bidzgi
epicenter	ეპიცენტრი	ep'itsent'ri

| eruption | ამოფრქვევა | amoprkveva |
| lava | ლავა | lava |

twister	გრიგალი	grigali
tornado	ტორნადო	t'ornado
typhoon	ტაიფუნი	t'aipuni

hurricane	გრიგალი	grigali
storm	ქარიშხალი	karishkhali
tsunami	ცუნამი	tsunami

cyclone	ციკლონი	tsik'loni
bad weather	უამინდობა	uamindoba
fire (accident)	ხანძარი	khandzari
disaster	კატასტროფა	k'at'ast'ropa
meteorite	მეტეორიტი	met'eorit'i

avalanche	ზვავი	zvavi
snowslide	ჩამოქცევა	chamoktseva
blizzard	ქარბუქი	karbuki
snowstorm	ბუქი	buki

FAUNA

87. Mammals. Predators
88. Wild animals
89. Domestic animals
90. Birds
91. Fish. Marine animals
92. Amphibians. Reptiles
93. Insects

T&P Books Publishing

87. Mammals. Predators

predator	მტაცებელი	mt'atsebeli
tiger	ვეფხვი	vepkhvi
lion	ლომი	lomi
wolf	მგელი	mgeli
fox	მელა	mela
jaguar	იაგუარი	iaguari
leopard	ლეოპარდი	leop'ardi
cheetah	გეპარდი	gep'ardi
black panther	ავაზა	avaza
puma	პუმა	p'uma
snow leopard	თოვლის ჯიქი	tovlis jiki
lynx	ფოცხვერი	potskhveri
coyote	კოიოტი	k'oiot'i
jackal	ტურა	t'ura
hyena	გიენა	giena

88. Wild animals

animal	ცხოველი	tskhoveli
beast (animal)	მხეცი	mkhetsi
squirrel	ციყვი	tsiqvi
hedgehog	ზღარბი	zgharbi
hare	კურდღელი	k'urdgheli
rabbit	ბოცვერი	botsveri
badger	მაჩვი	machvi
raccoon	ენოტი	enot'i
hamster	ზაზუნა	zazuna
marmot	ზაზუნა	zazuna
mole	თხუნელა	tkhunela
mouse	თაგვი	tagvi
rat	ვირთხა	virtkha
bat	ღამურა	ghamura
ermine	ყარყუმი	qarqumi
sable	სიასამური	siasamuri
marten	კვერნა	k'verna

weasel	სინდიოფალა	sindiopala
mink	წაულა	ts'aula
beaver	თახვი	takhvi
otter	წავი	ts'avi
horse	ცხენი	tskheni
moose	ცხენ-ირემი	tskhen-iremi
deer	ირემი	iremi
camel	აქლემი	aklemi
bison	ბიზონი	bizoni
wisent	დომბა	domba
buffalo	კამეჩი	k'amechi
zebra	ზებრა	zebra
antelope	ანტილოპა	ant'ilop'a
roe deer	შველი	shveli
fallow deer	ფურ-ირემი	pur-iremi
chamois	ქურციკი	kurtsik'i
wild boar	ტახი	t'akhi
whale	ვეშაპი	veshap'i
seal	სელაპი	selap'i
walrus	ლომვეშაპი	lomveshap'i
fur seal	ზღვის კატა	zghvis k'at'a
dolphin	დელფინი	delpini
bear	დათვი	datvi
polar bear	თეთრი დათვი	tetri datvi
panda	პანდა	p'anda
monkey	მაიმუნი	maimuni
chimpanzee	შიმპანზე	shimp'anze
orangutan	ორანგუტანი	orangut'ani
gorilla	გორილა	gorila
macaque	მაკაკა	mak'ak'a
gibbon	გიბონი	giboni
elephant	სპილო	sp'ilo
rhinoceros	მარტორქა	mart'orka
giraffe	ჟირაფი	zhirapi
hippopotamus	ბეჰემოთი	behemoti
kangaroo	კენგურუ	k'enguru
koala (bear)	კოალა	k'oala
mongoose	მანგუსტი	mangust'i
chinchilla	შინშილა	shinshila
skunk	თრითინა	tritina
porcupine	მაჩვზღარბა	machvzgharba

89. Domestic animals

cat	კატა	k'at'a
tomcat	ხვადი კატა	khvadi k'at'a
horse	ცხენი	tskheni
stallion (male horse)	ულაყი	ulaqi
mare	ფაშატი	pashat'i
cow	ძროხა	dzrokha
bull	ხარი	khari
ox	ხარი	khari
sheep (ewe)	დედალი ცხვარი	dedali tskhvari
ram	ცხვარი	tskhvari
goat	თხა	tkha
billy goat, he-goat	ვაცი	vatsi
donkey	ვირი	viri
mule	ჯორი	jori
pig, hog	ღორი	ghori
piglet	გოჭი	goch'i
rabbit	ბოცვერი	botsveri
hen (chicken)	ქათამი	katami
rooster	მამალი	mamali
duck	იხვი	ikhvi
drake	მამალი იხვი	mamali ikhvi
goose	ბატი	bat'i
tom turkey, gobbler	ინდაური	indauri
turkey (hen)	დედალი ინდაური	dedali indauri
domestic animals	შინაური ცხოველები	shinauri tskhovelebi
tame (e.g., ~ hamster)	მოშინაურებული	moshinaurebuli
to tame (vt)	მოშინაურება	moshinaureba
to breed (vt)	გამოზრდა	gamozrda
farm	ფერმა	perma
poultry	შინაური ფრინველი	shinauri prinveli
cattle	საქონელი	sakoneli
herd (cattle)	ჯოგი	jogi
stable	თავლა	tavla
pigpen	საღორე	saghore
cowshed	ბოსელი	boseli
rabbit hutch	საკურდღლე	sak'urdghle
hen house	საქათმე	sakatme

90. Birds

bird	ფრინველი	prinveli
pigeon	მტრედი	mt'redi
sparrow	ბეღურა	beghura
tit (great tit)	წიწკანა	ts'its'k'ana
magpie	კაჭკაჭი	k'ach'k'ach'i
raven	ყვავი	qvavi
crow	ყვავი	qvavi
jackdaw	ჭკა	ch'k'a
rook	ჭილყვავი	ch'ilqvavi
duck	იხვი	ikhvi
goose	ბატი	bat'i
pheasant	ხოხობი	khokhobi
eagle	არწივი	arts'ivi
hawk	ქორი	kori
falcon	შევარდენი	shevardeni
vulture	ორბი	orbi
condor (Andean ~)	კონდორი	k'ondori
swan	გედი	gedi
crane	წერო	ts'ero
stork	ყარყატი	qarqat'i
parrot	თუთიყუში	tutiqushi
hummingbird	კოლიბრი	k'olibri
peacock	ფარშევანგი	parshevangi
ostrich	სირაქლემა	siraklema
heron	ყანჩა	qancha
flamingo	ფლამინგო	plamingo
pelican	ვარხვი	varkhvi
nightingale	ბულბული	bulbuli
swallow	მერცხალი	mertskhali
thrush	შაშვი	shashvi
song thrush	შაშვი მგალობელი	shashvi mgalobeli
blackbird	შავი შაშვი	shavi shashvi
swift	ნამგალა	namgala
lark	ტოროლა	t'orola
quail	მწყერი	mts'qeri
woodpecker	კოდალა	k'odala
cuckoo	გუგული	guguli
owl	ბუ	bu
eagle owl	ჭოტი	ch'ot'i

wood grouse	ყრუანჩელა	qruanchela
black grouse	როჭო	roch'o
partridge	კაკაბი	k'ak'abi

starling	შოშია	shoshia
canary	იადონი	iadoni
hazel grouse	გნოლქათამა	gnolkatama
chaffinch	სკვინჩა	sk'vincha
bullfinch	სტვენია	st'venia

seagull	თოლია	tolia
albatross	ალბატროსი	albat'rosi
penguin	პინგვინი	p'ingvini

91. Fish. Marine animals

bream	კაპარჭინა	k'ap'arch'ina
carp	კობრი	k'obri
perch	ქორჭილა	korch'ila
catfish	ლოქო	loko
pike	ქარიყლაპია	kariqlap'ia

salmon	ორაგული	oraguli
sturgeon	თართი	tarti

herring	ქაშაყი	kashaqi
Atlantic salmon	გოჯი	goji
mackerel	სკუმბრია	sk'umbria
flatfish	კამბალა	k'ambala

zander, pike perch	ფარგა	parga
cod	ვირთევზა	virtevza
tuna	თინუსი	tinusi
trout	კალმახი	k'almakhi

eel	გველთევზა	gveltevza
electric ray	ელექტრული სკაროსი	elekt'ruli sk'arosi
moray eel	მურენა	murena
piranha	პირანია	p'irania

shark	ზვიგენი	zvigeni
dolphin	დელფინი	delpini
whale	ვეშაპი	veshap'i

crab	კიბორჩხალა	k'iborchkhala
jellyfish	მედუზა	meduza
octopus	რვაფეხა	rvapekha

starfish	ზღვის ვარსკვლავი	zghvis varsk'vlavi
sea urchin	ზღვის ზღარბი	zghvis zgharbi

seahorse	ცხენთევზა	tskhentevza
oyster	ხამანწკა	khamants'k'a
shrimp	კრევეტი	k'revet'i
lobster	ასთაკვი	astak'vi
spiny lobster	ლანგუსტი	langust'i

92. Amphibians. Reptiles

snake	გველი	gveli
venomous (snake)	შხამიანი	shkhamiani
viper	გველგესლა	gvelgesla
cobra	კობრა	k'obra
python	პითონი	p'itoni
boa	მახრჩობელა გველი	makhrchobela gveli
grass snake	ანკარა	ank'ara
rattle snake	ჩხრიალა გველი	chkhriala gveli
anaconda	ანაკონდა	anak'onda
lizard	ხვლიკი	khvlik'i
iguana	იგუანა	iguana
monitor lizard	ვარანი	varani
salamander	სალამანდრა	salamandra
chameleon	ქამელეონი	kameleoni
scorpion	მორიელი	morieli
turtle	კუ	k'u
frog	ბაყაყი	baqaqi
toad	გომბეშო	gombesho
crocodile	ნიანგი	niangi

93. Insects

insect, bug	მწერი	mts'eri
butterfly	პეპელა	p'ep'ela
ant	ჭიანჭველა	ch'ianch'vela
fly	ბუზი	buzi
mosquito	კოღო	k'ogho
beetle	ხოჭო	khoch'o
wasp	ბზიკი	bzik'i
bee	ფუტკარი	put'k'ari
bumblebee	კელა	k'ela
gadfly (botfly)	კრაზანა	k'razana
spider	ობობა	oboba
spiderweb	აბლაბუდა	ablabuda

dragonfly	ჭრიჭინა	ch'rich'ina
grasshopper	კალია	k'alia
moth (night butterfly)	ფარვანა	parvana |//

cockroach	აბანოს ჭია	abanos ch'ia
tick	ტკიპა	t'k'ip'a
flea	რწყილი	rts'qili
midge	ქინქლა	kinkla

locust	კალია	k'alia
snail	ლოკოკინა	lok'ok'ina
cricket	ჭრიჭინა	ch'rich'ina
lightning bug	ციცინათელა	tsitsinatela
ladybug	ჭია მაია	ch'ia maia
cockchafer	მაისის ხოჭო	maisis khoch'o

leech	წურბელა	ts'urbela
caterpillar	მუხლუხი	mukhlukhi
earthworm	ჭია	ch'ia
larva	მატლი	mat'li

FLORA

94. Trees
95. Shrubs
96. Fruits. Berries
97. Flowers. Plants
98. Cereals, grains

T&P Books Publishing

94. Trees

tree	ხე	khe
deciduous (adj)	ფოთლოვანი	potlovani
coniferous (adj)	წიწვოვანი	ts'its'vovani
evergreen (adj)	მარადმწვანე	maradmts'vane
apple tree	ვაშლის ხე	vashlis khe
pear tree	მსხალი	mskhali
sweet cherry tree	ბალი	bali
sour cherry tree	ალუბალი	alubali
plum tree	ქლიავი	kliavi
birch	არყის ხე	arqis khe
oak	მუხა	mukha
linden tree	ცაცხვი	tsatskhvi
aspen	ვერხვი	verkhvi
maple	ნეკერჩხალი	nek'erchkhali
spruce	ნაძვის ხე	nadzvis khe
pine	ფიჭვი	pich'vi
larch	ლარიქსი	lariksi
fir tree	სოჭი	soch'i
cedar	კედარი	k'edari
poplar	ალვის ხე	alvis khe
rowan	ცირცელი	tsirtseli
willow	ტირიფი	t'iripi
alder	მურყანი	murqani
beech	წიფელი	ts'ipeli
elm	თელა	tela
ash (tree)	იფანი	ipani
chestnut	წაბლი	ts'abli
magnolia	მაგნოლია	magnolia
palm tree	პალმა	p'alma
cypress	კვიპაროსი	k'vip'arosi
mangrove	მანგოს ხე	mangos khe
baobab	ბაობაბი	baobabi
eucalyptus	ევკალიპტი	evk'alip't'i
sequoia	სექვოია	sekvoia

95. Shrubs

bush	ბუჩქი	buchki
shrub	ბუჩქნარი	buchknari
grapevine	ყურძენი	qurdzeni
vineyard	ვენახი	venakhi
raspberry bush	ჟოლო	zholo
redcurrant bush	წითელი მოცხარი	ts'iteli motskhari
gooseberry bush	ხურტკმელი	khurt'k'meli
acacia	აკაცია	ak'atsia
barberry	კოწახური	k'ots'akhuri
jasmine	ჟასმინი	zhasmini
juniper	ღვია	ghvia
rosebush	ვარდის ბუჩქი	vardis buchki
dog rose	ასკილი	ask'ili

96. Fruits. Berries

apple	ვაშლი	vashli
pear	მსხალი	mskhali
plum	ქლიავი	kliavi
strawberry (garden ~)	მარწყვი	marts'qvi
sour cherry	ალუბალი	alubali
sweet cherry	ბალი	bali
grape	ყურძენი	qurdzeni
raspberry	ჟოლო	zholo
blackcurrant	შავი მოცხარი	shavi motskhari
redcurrant	წითელი მოცხარი	ts'iteli motskhari
gooseberry	ხურტკმელი	khurt'k'meli
cranberry	შტოში	sht'oshi
orange	ფორთოხალი	portokhali
mandarin	მანდარინი	mandarini
pineapple	ანანასი	ananasi
banana	ბანანი	banani
date	ფინიკი	pinik'i
lemon	ლიმონი	limoni
apricot	გარგარი	gargari
peach	ატამი	at'ami
kiwi	კივი	k'ivi
grapefruit	გრეიფრუტი	greiprut'i
berry	კენკრა	k'enk'ra

berries	კენკრა	k'enk'ra
cowberry	წითელი მოცვი	ts'iteli motsvi
wild strawberry	მარწყვი	marts'qvi
bilberry	მოცვი	motsvi

97. Flowers. Plants

| flower | ყვავილი | qvavili |
| bouquet (of flowers) | თაიგული | taiguli |

rose (flower)	ვარდი	vardi
tulip	ტიტა	t'it'a
carnation	მიხაკი	mikhak'i
gladiolus	გლადიოლუსი	gladiolusi

cornflower	ღიღილო	ghighilo
harebell	მაჩიტა	machit'a
dandelion	ბაბუაწვერა	babuats'vera
camomile	გვირილა	gvirila

aloe	ალოე	aloe
cactus	კაქტუსი	k'akt'usi
rubber plant, ficus	ფიკუსი	pik'usi

lily	შროშანი	shroshani
geranium	ნემსიწვერა	nemsits'vera
hyacinth	ჰიაცინტი	hiatsint'i

mimosa	მიმოზა	mimoza
narcissus	ნარგიზი	nargizi
nasturtium	ნასტურცია	nast'urtsia

orchid	ორქიდეა	orkidea
peony	იორდასალამი	iordasalami
violet	ია	ia

pansy	სამფერა ია	sampera ia
forget-me-not	კესანე	k'esane
daisy	ზიზილა	zizila

poppy	ყაყაჩო	qaqacho
hemp	კანაფი	k'anapi
mint	პიტნა	p'it'na

| lily of the valley | შროშანა | shroshana |
| snowdrop | ენძელა | endzela |

nettle	ჭინჭარი	ch'inch'ari
sorrel	მჟაუნა	mzhauna
water lily	წყლის შროშანი	ts'qlis shroshani

| fern | გვიმრა | gvimra |
| lichen | ლიქენა | likena |

conservatory (greenhouse)	ორანჟერეა	oranzherea
lawn	გაზონი	gazoni
flowerbed	ყვავილნარი	qvavilnari

plant	მცენარე	mtsenare
grass	ბალახი	balakhi
blade of grass	ბალახის ღერო	balakhis ghero

leaf	ფოთოლი	potoli
petal	ფურცელი	purtseli
stem	ღერო	ghero
tuber	ბოლქვი	bolkvi

| young plant (shoot) | ღივი | ghivi |
| thorn | ეკალი | ek'ali |

to blossom (vi)	ყვავილობა	qvaviloba
to fade, to wither	ჭკნობა	ch'k'noba
smell (odor)	სუნი	suni
to cut (flowers)	მოჭრა	moch'ra
to pick (a flower)	მოწყვეტა	mots'qvet'a

98. Cereals, grains

grain	მარცვალი	martsvali
cereal crops	მარცვლეული მცენარე	martsvleuli mtsenare
ear (of barley, etc.)	თავთავი	tavtavi

wheat	ხორბალი	khorbali
rye	ჭვავი	ch'vavi
oats	შვრია	shvria
millet	ფეტვი	pet'vi
barley	ქერი	keri

corn	სიმინდი	simindi
rice	ბრინჯი	brinji
buckwheat	წიწიბურა	ts'its'ibura

pea plant	ბარდა	barda
kidney bean	ლობიო	lobio
soy	სოია	soia
lentil	ოსპი	osp'i
beans (pulse crops)	პარკები	p'ark'ebi

T&P BOOKS

COUNTRIES OF
THE WORLD

99. Countries. Part 1
100. Countries. Part 2
101. Countries. Part 3

T&P Books Publishing

99. Countries. Part 1

Afghanistan	ავღანეთი	avghaneti
Albania	ალბანეთი	albaneti
Argentina	არგენტინა	argent'ina
Armenia	სომხეთი	somkheti
Australia	ავსტრალია	avst'ralia
Austria	ავსტრია	avst'ria
Azerbaijan	აზერბაიჯანი	azerbaijani

The Bahamas	ბაჰამის კუნძულები	bahamis k'undzulebi
Bangladesh	ბანგლადეში	bangladeshi
Belarus	ბელორუსია	belorusia
Belgium	ბელგია	belgia
Bolivia	ბოლივია	bolivia
Bosnia and Herzegovina	ბოსნია და ჰერცოგოვინა	bosnia da hertsogovina
Brazil	ბრაზილია	brazilia
Bulgaria	ბულგარეთი	bulgareti

Cambodia	კამბოჯა	k'amboja
Canada	კანადა	k'anada
Chile	ჩილე	chile
China	ჩინეთი	chineti
Colombia	კოლუმბია	k'olumbia
Croatia	ხორვატია	khorvat'ia
Cuba	კუბა	k'uba
Cyprus	კვიპროსი	k'vip'rosi
Czech Republic	ჩეხეთი	chekheti

Denmark	დანია	dania
Dominican Republic	დომინიკის რესპუბლიკა	dominik'is resp'ublik'a
Ecuador	ეკვადორი	ek'vadori
Egypt	ეგვიპტე	egvip't'e
England	ინგლისი	inglisi
Estonia	ესტონეთი	est'oneti
Finland	ფინეთი	pineti
France	საფრანგეთი	saprangeti
French Polynesia	საფრანგეთის პოლინეზია	saprangetis p'olinezia

Georgia	საქართველო	sakartvelo
Germany	გერმანია	germania
Ghana	განა	gana
Great Britain	დიდი ბრიტანეთი	didi brit'aneti
Greece	საბერძნეთი	saberdzneti
Haiti	ჰაიტი	hait'i
Hungary	უნგრეთი	ungreti

100. Countries. Part 2

Iceland	ისლანდია	islandia
India	ინდოეთი	indoeti
Indonesia	ინდონეზია	indonezia
Iran	ირანი	irani
Iraq	ერაყი	eraqi
Ireland	ირლანდია	irlandia
Israel	ისრაელი	israeli
Italy	იტალია	it'alia
Jamaica	იამაიკა	iamaik'a
Japan	იაპონია	iap'onia
Jordan	იორდანია	iordania
Kazakhstan	ყაზახეთი	qazakheti
Kenya	კენია	k'enia
Kirghizia	ყირგიზეთი	qirgizeti
Kuwait	კუვეიტი	k'uveit'i
Laos	ლაოსი	laosi
Latvia	ლატვია	lat'via
Lebanon	ლიბანი	libani
Libya	ლივია	livia
Liechtenstein	ლიხტენშტეინი	likht'ensht'eini
Lithuania	ლიტვა	lit'va
Luxembourg	ლუქსემბურგი	luksemburgi
Macedonia (Republic of ~)	მაკედონია	mak'edonia
Madagascar	მადაგასკარი	madagask'ari
Malaysia	მალაიზია	malaizia
Malta	მალტა	malt'a
Mexico	მექსიკა	meksik'a
Moldova, Moldavia	მოლდოვა	moldova
Monaco	მონაკო	monak'o
Mongolia	მონღოლეთი	mongholeti
Montenegro	ჩერნოგორია	chernogoria
Morocco	მაროკო	marok'o
Myanmar	მიანმარი	mianmari
Namibia	ნამიბია	namibia
Nepal	ნეპალი	nep'ali
Netherlands	ნიდერლანდები	niderlandebi
New Zealand	ახალი ზელანდია	akhali zelandia
North Korea	ჩრდილოეთ კორეა	chrdiloet k'orea
Norway	ნორვეგია	norvegia

101. Countries. Part 3

| Pakistan | პაკისტანი | p'ak'ist'ani |
| Palestine | პალესტინის ავტონომია | p'alest'inis avt'onomia |

Panama	პანამა	p'anama
Paraguay	პარაგვაი	p'aragvai
Peru	პერუ	p'eru
Poland	პოლონეთი	p'oloneti
Portugal	პორტუგალია	p'ort'ugalia
Romania	რუმინეთი	rumineti
Russia	რუსეთი	ruseti
Saudi Arabia	საუდის არაბეთი	saudis arabeti
Scotland	შოტლანდია	shot'landia
Senegal	სენეგალი	senegali
Serbia	სერბია	serbia
Slovakia	სლოვაკია	slovak'ia
Slovenia	სლოვენია	slovenia
South Africa	სამხრეთ აფრიკის რესპუბლიკა	samkhret aprik'is resp'ublik'a
South Korea	სამხრეთ კორეა	samkhret k'orea
Spain	ესპანეთი	esp'aneti
Suriname	სურინამი	surinami
Sweden	შვეცია	shvetsia
Switzerland	შვეიცარია	shveitsaria
Syria	სირია	siria
Taiwan	ტაივანი	t'aivani
Tajikistan	ტაჯიკეთი	t'ajik'eti
Tanzania	ტანზანია	t'anzania
Tasmania	ტასმანია	t'asmania
Thailand	ტაილანდი	t'ailandi
Tunisia	ტუნისი	t'unisi
Turkey	თურქეთი	turketi
Turkmenistan	თურქმენეთი	turkmeneti
Ukraine	უკრაინა	uk'raina
United Arab Emirates	აგს	ags
United States of America	ამერიკის შეერთებული შტატები	amerik'is sheertebuli sht'at'ebi
Uruguay	ურუგვაი	urugvai
Uzbekistan	უზბეკეთი	uzbek'eti
Vatican	ვატიკანი	vat'ik'ani
Venezuela	ვენესუელა	venesuela
Vietnam	ვიეტნამი	viet'nami
Zanzibar	ზანზიბარი	zanzibari

GASTRONOMIC GLOSSARY

This section contains a lot of words and terms associated with food. This dictionary will make it easier for you to understand the menu at a restaurant and choose the right dish

T&P Books Publishing

English-Georgian gastronomic glossary

aftertaste	გემო	gemo
almond	ნუში	nushi
anise	ანისული	anisuli
aperitif	აპერიტივი	ap'erit'ivi
appetite	მადა	mada
appetizer	საუზმეული	sauzmeuli
apple	ვაშლი	vashli
apricot	გარგარი	gargari
artichoke	არტიშოკი	art'ishok'i
asparagus	სატაცური	sat'atsuri
Atlantic salmon	გოჯი	goji
avocado	ავოკადო	avok'ado
bacon	ბეკონი	bek'oni
banana	ბანანი	banani
barley	ქერი	keri
bartender	ბარმენი	barmeni
basil	რეჰანი	rehani
bay leaf	დაფნის ფოთოლი	dapnis potoli
beans	პარკები	p'ark'ebi
beef	საქონლის ხორცი	sakonlis khortsi
beer	ლუდი	ludi
beet	ჭარხალი	ch'arkhali
bell pepper	წიწაკა	ts'its'ak'a
berries	კენკრა	k'enk'ra
berry	კენკრა	k'enk'ra
bilberry	მოცვი	motsvi
birch bolete	არყისძირა	arqisdzira
bitter	მწარე	mts'are
black coffee	შავი ყავა	shavi qava
black pepper	პილპილი	p'ilp'ili
black tea	შავი ჩაი	shavi chai
blackberry	მაყვალი	maqvali
blackcurrant	შავი მოცხარი	shavi motskhari
boiled	მოხარშული	mokharshuli
bottle opener	გასახსნელი	gasakhsneli
bread	პური	p'uri
breakfast	საუზმე	sauzme
bream	კაპარჭინა	k'ap'arch'ina
broccoli	კომბოსტო ბროკოლი	k'ombost'o brok'oli
Brussels sprouts	ბრიუსელის კომბოსტო	briuselis k'ombost'o
buckwheat	წიწიბურა	ts'its'ibura
butter	კარაქი	k'araki
buttercream	კრემი	k'remi
cabbage	კომბოსტო	k'ombost'o

cake	ტკბილღვეზელა	t'k'bilghvezela
cake	ტორტი	t'ort'i
calorie	კალორია	k'aloria
can opener	გასახსნელი	gasakhsneli
candy	კანფეტი	k'anpet'i
canned food	კონსერვები	k'onservebi
cappuccino	ნაღებიანი ყავა	naghebiani qava
caraway	კვლიავი	k'vliavi
carbohydrates	ნახშირწყლები	nakhshirts'qlebi
carbonated	გაზირებული	gazirebuli
carp	კობრი	k'obri
carrot	სტაფილო	st'apilo
catfish	ლოქო	loko
cauliflower	ყვავილოვანი კომბოსტო	qvavilovani k'ombost'o
caviar	ხიზილალა	khizilala
celery	ნიახური	niakhuri
cep	თეთრი სოკო	tetri sok'o
cereal crops	მარცვლეული მცენარე	martsvleuli mtsenare
champagne	შამპანური	shamp'anuri
chanterelle	მიქლიო	miklio
check	ანგარიში	angarishi
cheese	ყველი	qveli
chewing gum	საღეჭი რეზინი	saghech'i rezini
chicken	ქათამი	katami
chocolate	შოკოლადი	shok'oladi
chocolate	შოკოლადისა	shok'oladisa
cinnamon	დარიჩინი	darichini
clear soup	ბულიონი	bulioni
cloves	მიხაკი	mikhak'i
cocktail	კოკტეილი	k'ok't'eili
coconut	ქოქოსის კაკალი	kokosis k'ak'ali
cod	ვირთევზა	virtevza
coffee	ყავა	qava
coffee with milk	რძიანი ყავა	rdziani qava
cognac	კონიაკი	k'oniak'i
cold	ცივი	tsivi
condensed milk	შესქელებული რძე	sheskelebuli rdze
condiment	სანელებელი	sanelebeli
confectionery	საკონდიტრო ნაწარმი	sak'ondit'ro nats'armi
cookies	ნამცხვარი	namtskhvari
coriander	ქინძი	kindzi
corkscrew	შტოპორი	sht'op'ori
corn	სიმინდი	simindi
corn	სიმინდი	simindi
cornflakes	სიმინდის ბურბუშელა	simindis burbushela
course, dish	კერძი	k'erdzi
cowberry	წითელი მოცვი	ts'iteli motsvi
crab	კიბორჩხალა	k'iborchkhala
cranberry	შტოში	sht'oshi
cream	ნაღები	naghebi
crumb	ნამცეცი	namtsetsi
crustaceans	კიბოსნაირნი	k'ibosnairni

cucumber	კიტრი	k'it'ri
cuisine	სამზარეულო	samzareulo
cup	ფინჯანი	pinjani
dark beer	მუქი ლუდი	muki ludi
date	ფინიკი	pinik'i
death cap	შხამა	shkhama
dessert	დესერტი	desert'i
diet	დიეტა	diet'a
dill	კამა	k'ama
dinner	ვახშამი	vakhshami
dried	გამხმარი	gamkhmari
drinking water	სასმელი წყალი	sasmeli ts'qali
duck	იხვი	ikhvi
ear	თავთავი	tavtavi
edible mushroom	საჭმელი სოკო	sach'meli sok'o
eel	გველთევზა	gveltevza
egg	კვერცხი	k'vertskhi
egg white	ცილა	tsila
egg yolk	კვერცხის გული	k'vertskhis guli
eggplant	ბადრიჯანი	badrijani
eggs	კვერცხები	k'vertskhebi
Enjoy your meal!	გაამოთ!	gaamot!
fats	ცხიმები	tskhimebi
fig	ლეღვი	leghvi
filling	შიგთავსი	shigtavsi
fish	თევზი	tevzi
flatfish	კამბალა	k'ambala
flour	ფქვილი	pkvili
fly agaric	ბუზიხოცია	buzikhotsia
food	საჭმელი	sach'meli
fork	ჩანგალი	changali
freshly squeezed juice	ახლადგამოწურული წვენი	akhladgamots'uruli ts'veni
fried	შემწვარი	shemts'vari
fried eggs	ერბო-კვერცხი	erbo-k'vertskhi
frozen	გაყინული	gaqinuli
fruit	ხილი	khili
game	ნანადირევი	nanadirevi
gammon	ბარკალი	bark'ali
garlic	ნიორი	niori
gin	ჯინი	jini
ginger	კოჭა	k'och'a
glass	ჭიქა	ch'ika
glass	ბოკალი	bok'ali
goose	ბატი	bat'i
gooseberry	ხურტკმელი	khurt'k'meli
grain	მარცვალი	martsvali
grape	ყურძენი	qurdzeni
grapefruit	გრეიფრუტი	greiprut'i
green tea	მწვანე ჩაი	mts'vane chai
greens	მწვანილი	mts'vanili
groats	ბურღული	burghuli

halibut	პალტუსი	p'alt'usi
ham	ლორი	lori
hamburger	ფარში	parshi
hamburger	ჰამბურგერი	hamburgeri
hazelnut	თხილი	tkhili
herring	ქაშაყი	kashaqi
honey	თაფლი	tapli
horseradish	პირშუშხა	p'irshushkha
hot	ცხელი	tskheli
ice	ყინული	qinuli
ice-cream	ნაყინი	naqini
instant coffee	ხსნადი ყავა	khsnadi qava
jam	ჯემი	jemi
jam	მურაბა	muraba
juice	წვენი	ts'veni
kidney bean	ლობიო	lobio
kiwi	კივი	k'ivi
knife	დანა	dana
lamb	ცხვრის ხორცი	tskhvris khortsi
lemon	ლიმონი	limoni
lemonade	ლიმონათი	limonati
lentil	ოსპი	osp'i
lettuce	სალათი	salati
light beer	ღია ფერის ლუდი	ghia peris ludi
liqueur	ლიქიორი	likiori
liquors	ალკოჰოლიანი სასმელები	alk'oholiani sasmelebi
liver	ღვიძლი	ghvidzli
lunch	სადილი	sadili
mackerel	სკუმბრია	sk'umbria
mandarin	მანდარინი	mandarini
mango	მანგო	mango
margarine	მარგარინი	margarini
marmalade	მარმელადი	marmeladi
mashed potatoes	კარტოფილის პიურე	k'art'opilis p'iure
mayonnaise	მაიონეზი	maionezi
meat	ხორცი	khortsi
melon	ნესვი	nesvi
menu	მენიუ	meniu
milk	რძე	rdze
milkshake	რძის კოკტეილი	rdzis k'ok't'eili
millet	ფეტვი	pet'vi
mineral water	მინერალური წყალი	mineraluri ts'qali
morel	მერცხალა სოკო	mertskhala sok'o
mushroom	სოკო	sok'o
mustard	მდოგვი	mdogvi
non-alcoholic	უალკოჰოლო	ualk'oholo
noodles	ატრია	at'ria
oats	შვრია	shvria
olive oil	ზეითუნის ზეთი	zeitunis zeti
olives	ზეითუნი	zeituni
omelet	ომლეტი	omlet'i
onion	ხახვი	khakhvi

orange	ფორთოხალი	portokhali
orange juice	ფორთოხლის წვენი	portokhlis ts'veni
orange-cap boletus	ვერხვისძირა	verkhvisdzira
oyster	ხამანწკა	khamants'k'a
pâté	პაშტეტი	p'asht'et'i
papaya	პაპაია	p'ap'aia
paprika	წიწაკა	ts'its'ak'a
parsley	ოხრახუში	okhrakhushi
pasta	მაკარონი	mak'aroni
pea	ბარდა	barda
peach	ატამი	at'ami
peanut	მიწის თხილი	mits'is tkhili
pear	მსხალი	mskhali
peel	ქერქი	kerki
perch	ქორჭილა	korch'ila
pickled	მარინადში ჩადებული	marinadshi chadebuli
pie	ღვეზელი	ghvezeli
piece	ნაჭერი	nach'eri
pike	ქარიყლაპია	kariqlap'ia
pike perch	ფარგა	parga
pineapple	ანანასი	ananasi
pistachios	ფსტა	pst'a
pizza	პიცა	p'itsa
plate	თეფში	tepshi
plum	ქლიავი	kliavi
poisonous mushroom	შხამიანი სოკო	shkhamiani sok'o
pomegranate	ბროწეული	brots'euli
pork	ღორის ხორცი	ghoris khortsi
porridge	ფაფა	papa
portion	ულუფა	ulupa
potato	კარტოფილი	k'art'opili
proteins	ცილები	tsilebi
pub, bar	ბარი	bari
pudding	პუდინგი	p'udingi
pumpkin	გოგრა	gogra
rabbit	ბოცვერი	botsveri
radish	ბოლოკი	bolok'i
raisin	ქიშმიში	kishmishi
raspberry	ჟოლო	zholo
recipe	რეცეპტი	retsep't'i
red pepper	წიწაკა	ts'its'ak'a
red wine	წითელი ღვინო	ts'iteli ghvino
redcurrant	წითელი მოცხარი	ts'iteli motskhari
refreshing drink	გამაგრილებელი სასმელი	gamagrilebeli sasmeli
rice	ბრინჯი	brinji
rum	რომი	romi
russula	ბღავანა	bghavana
rye	ჭვავი	ch'vavi
saffron	ზაფრანა	zaprana
salad	სალათი	salati
salmon	ორაგული	oraguli
salt	მარილი	marili

salty	მლაშე	mlashe
sandwich	ბუტერბროდი	but'erbrodi
sardine	სარდინი	sardini
sauce	სოუსი	sousi
saucer	ლამბაქი	lambaki
sausage	ძეხვი	dzekhvi
seafood	ზღვის პროდუქტები	zghvis p'rodukt'ebi
sesame	ქუნჟუტი	kunzhut'i
shark	ზვიგენი	zvigeni
shrimp	კრევეტი	k'revet'i
side dish	გარნირი	garniri
slice	ნაჭერი	nach'eri
smoked	შებოლილი	shebolili
soft drink	უალკოჰოლო სასმელი	ualk'oholo sasmeli
soup	წვნიანი	ts'vniani
soup spoon	სადილის კოვზი	sadilis k'ovzi
sour cherry	ალუბალი	alubali
sour cream	არაჟანი	arazhani
soy	სოია	soia
spaghetti	სპაგეტი	sp'aget'i
sparkling	გაზიანი	gaziani
spice	სუნელი	suneli
spinach	ისპანახი	isp'anakhi
spiny lobster	ლანგუსტი	langust'i
spoon	კოვზი	k'ovzi
squid	კალმარი	k'almari
steak	ბივშტექსი	bivsht'eksi
still	უგაზო	ugazo
strawberry	მარწყვი	marts'qvi
sturgeon	თართი	tarti
sugar	შაქარი	shakari
sunflower oil	მზესუმზირის ზეთი	mzesumziris zeti
sweet	ტკბილი	t'k'bili
sweet cherry	ბალი	bali
taste, flavor	გემო	gemo
tasty	გემრიელი	gemrieli
tea	ჩაი	chai
teaspoon	ჩაის კოვზი	chais k'ovzi
tip	გასამრჯელო	gasamrjelo
tomato	პომიდორი	p'omidori
tomato juice	ტომატის წვენი	t'omat'is ts'veni
tongue	ენა	ena
toothpick	კბილსაჩიჩქნი	k'bilsachichkni
trout	კალმახი	k'almakhi
tuna	თინუსი	tinusi
turkey	ინდაური	indauri
turnip	თალგამი	talgami
veal	ხბოს ხორცი	khbos khortsi
vegetable oil	მცენარეული ზეთი	mtsenarueli zeti
vegetables	ბოსტნეული	bost'neuli
vegetarian	ვეგეტარიანელი	veget'arianeli
vegetarian	ვეგეტარიანული	veget'arianuli

195

vermouth	ვერმუტი	vermut'i
vienna sausage	სოსისი	sosisi
vinegar	ძმარი	dzmari
vitamin	ვიტამინი	vit'amini
vodka	არაყი	araqi
wafers	ვაფლი	vapli
waiter	ოფიციანტი	opitsiant'i
waitress	ოფიციანტი	opitsiant'i
walnut	კაკალი	k'ak'ali
water	წყალი	ts'qali
watermelon	საზამთრო	sazamtro
wheat	ხორბალი	khorbali
whiskey	ვისკი	visk'i
white wine	თეთრი ღვინო	tetri ghvino
wild strawberry	მარწყვი	marts'qvi
wine	ღვინო	ghvino
wine list	ღვინის ბარათი	ghvinis barati
with ice	ყინულით	qinulit
yogurt	იოგურტი	iogurt'i
zucchini	ყაბაყი	qabaqi

Georgian-English gastronomic glossary

ავოკადო	avok'ado	avocado
ალკოჰოლიანი სასმელები	alk'oholiani sasmelebi	liquors
ალუბალი	alubali	sour cherry
ანანასი	ananasi	pineapple
ანგარიში	angarishi	check
ანისული	anisuli	anise
აპერიტივი	ap'erit'ivi	aperitif
არაჟანი	arazhani	sour cream
არაყი	araqi	vodka
არტიშოკი	art'ishok'i	artichoke
არყისძირა	arqisdzira	birch bolete
ატამი	at'ami	peach
ატრია	at'ria	noodles
ახლადგამოწურული წვენი	akhladgamots'uruli ts'veni	freshly squeezed juice
ბადრიჯანი	badrijani	eggplant
ბალი	bali	sweet cherry
ბანანი	banani	banana
ბარდა	barda	pea
ბარი	bari	pub, bar
ბარკალი	bark'ali	gammon
ბარმენი	barmeni	bartender
ბატი	bat'i	goose
ბეკონი	bek'oni	bacon
ბივშტექსი	bivsht'eksi	steak
ბოკალი	bok'ali	glass
ბოლოკი	bolok'i	radish
ბოსტნეული	bost'neuli	vegetables
ბოცვერი	botsveri	rabbit
ბრინჯი	brinji	rice
ბრიუსელის კომბოსტო	briuselis k'ombost'o	Brussels sprouts
ბროწეული	brots'euli	pomegranate
ბუზიხოცია	buzikhotsia	fly agaric
ბულიონი	bulioni	clear soup
ბურღული	burghuli	groats
ბუტერბროდი	but'erbrodi	sandwich
ბღავანა	bghavana	russula
გაამოთ!	gaamot!	Enjoy your meal!
გაზიანი	gaziani	sparkling
გაზირებული	gazirebuli	carbonated
გამაგრილებელი სასმელი	gamagrilebeli sasmeli	refreshing drink
გამხმარი	gamkhmari	dried
გარგარი	gargari	apricot
გარნირი	garniri	side dish

197

გასამრჯელო	gasamrjelo	tip
გასახსნელი	gasakhsneli	bottle opener
გასახსნელი	gasakhsneli	can opener
გაყინული	gaqinuli	frozen
გემო	gemo	taste, flavor
გემო	gemo	aftertaste
გემრიელი	gemrieli	tasty
გველთევზა	gveltevza	eel
გოგრა	gogra	pumpkin
გოჯი	goji	Atlantic salmon
გრეიფრუტი	greiprut'i	grapefruit
დანა	dana	knife
დარიჩინი	darichini	cinnamon
დაფნის ფოთოლი	dapnis potoli	bay leaf
დესერტი	desert'i	dessert
დიეტა	diet'a	diet
ენა	ena	tongue
ერბო-კვერცხი	erbo-k'vertskhi	fried eggs
ვაფლი	vapli	wafers
ვაშლი	vashli	apple
ვახშამი	vakhshami	dinner
ვეგეტარიანელი	veget'arianeli	vegetarian
ვეგეტარიანული	veget'arianuli	vegetarian
ვერმუტი	vermut'i	vermouth
ვერხვისძირა	verkhvisdzira	orange-cap boletus
ვირთევზა	virtevza	cod
ვისკი	visk'i	whiskey
ვიტამინი	vit'amini	vitamin
ზაფრანა	zaprana	saffron
ზეითუნი	zeituni	olives
ზეითუნის ზეთი	zeitunis zeti	olive oil
ზვიგენი	zvigeni	shark
ზღვის პროდუქტები	zghvis p'rodukt'ebi	seafood
თავთავი	tavtavi	ear
თალგამი	talgami	turnip
თართი	tarti	sturgeon
თაფლი	tapli	honey
თევზი	tevzi	fish
თეთრი სოკო	tetri sok'o	cep
თეთრი ღვინო	tetri ghvino	white wine
თეფში	tepshi	plate
თინუსი	tinusi	tuna
თხილი	tkhili	hazelnut
ინდაური	indauri	turkey
იოგურტი	iogurt'i	yogurt
ისპანახი	isp'anakhi	spinach
იხვი	ikhvi	duck
კაკალი	k'ak'ali	walnut
კალმარი	k'almari	squid
კალმახი	k'almakhi	trout
კალორია	k'aloria	calorie
კამა	k'ama	dill

კამბალა	k'ambala	flatfish
კანფეტი	k'anpet'i	candy
კაპარჭინა	k'ap'arch'ina	bream
კარაქი	k'araki	butter
კარტოფილი	k'art'opili	potato
კარტოფილის პიურე	k'art'opilis p'iure	mashed potatoes
კბილსაჩიჩქნი	k'bilsachichkni	toothpick
კენკრა	k'enk'ra	berry
კენკრა	k'enk'ra	berries
კერძი	k'erdzi	course, dish
კვერცხები	k'vertskhebi	eggs
კვერცხი	k'vertskhi	egg
კვერცხის გული	k'vertskhis guli	egg yolk
კვლიავი	k'vliavi	caraway
კიბორჩხალა	k'iborchkhala	crab
კიბოსნაირნი	k'ibosnairni	crustaceans
კივი	k'ivi	kiwi
კიტრი	k'it'ri	cucumber
კობრი	k'obri	carp
კოვზი	k'ovzi	spoon
კოკტეილი	k'ok't'eili	cocktail
კომბოსტო	k'ombost'o	cabbage
კომბოსტო ბროკოლი	k'ombost'o brok'oli	broccoli
კონიაკი	k'oniak'i	cognac
კონსერვები	k'onservebi	canned food
კოჭა	k'och'a	ginger
კრევეტი	k'revet'i	shrimp
კრემი	k'remi	buttercream
ლამბაქი	lambaki	saucer
ლანგუსტი	langust'i	spiny lobster
ლეღვი	leghvi	fig
ლიმონათი	limonati	lemonade
ლიმონი	limoni	lemon
ლიქიორი	likiori	liqueur
ლობიო	lobio	kidney bean
ლორი	lori	ham
ლოქო	loko	catfish
ლუდი	ludi	beer
მადა	mada	appetite
მაიონეზი	maionezi	mayonnaise
მაკარონი	mak'aroni	pasta
მანგო	mango	mango
მანდარინი	mandarini	mandarin
მარგარინი	margarini	margarine
მარილი	marili	salt
მარინადში ჩადებული	marinadshi chadebuli	pickled
მარმელადი	marmeladi	marmalade
მარცვალი	martsvali	grain
მარცვლეული მცენარე	martsvleuli mtsenare	cereal crops
მარწყვი	marts'qvi	strawberry
მარწყვი	marts'qvi	wild strawberry
მაყვალი	maqvali	blackberry

მდოგვი	mdogvi	mustard
მენიუ	meniu	menu
მერცხალა სოკო	mertskhala sok'o	morel
მზესუმზირის ზეთი	mzesumziris zeti	sunflower oil
მინერალური წყალი	mineraluri ts'qali	mineral water
მიქლიო	miklio	chanterelle
მიწის თხილი	mits'is tkhili	peanut
მიხაკი	mikhak'i	cloves
მლაშე	mlashe	salty
მოცვი	motsvi	bilberry
მოხარშული	mokharshuli	boiled
მსხალი	mskhali	pear
მურაბა	muraba	jam
მუქი ლუდი	muki ludi	dark beer
მცენარეული ზეთი	mtsenarueli zeti	vegetable oil
მწარე	mts'are	bitter
მწვანე ჩაი	mts'vane chai	green tea
მწვანილი	mts'vanili	greens
ნამცეცი	namtsetsi	crumb
ნამცხვარი	namtskhvari	cookies
ნანადირევი	nanadirevi	game
ნაღები	naghebi	cream
ნაღებიანი ყავა	naghebiani qava	cappuccino
ნაყინი	naqini	ice-cream
ნაჭერი	nach'eri	slice
ნაჭერი	nach'eri	piece
ნახშირწყლები	nakhshirts'qlebi	carbohydrates
ნესვი	nesvi	melon
ნიახური	niakhuri	celery
ნიორი	niori	garlic
ნუში	nushi	almond
ომლეტი	omlet'i	omelet
ორაგული	oraguli	salmon
ოსპი	osp'i	lentil
ოფიციანტი	opitsiant'i	waiter
ოფიციანტი	opitsiant'i	waitress
ოხრახუში	okhrakhushi	parsley
პალტუსი	p'alt'usi	halibut
პაპაია	p'ap'aia	papaya
პარკები	p'ark'ebi	beans
პაშტეტი	p'asht'et'i	pâté
პილპილი	p'ilp'ili	black pepper
პირშუშხა	p'irshushkha	horseradish
პიცა	p'itsa	pizza
პომიდორი	p'omidori	tomato
პუდინგი	p'udingi	pudding
პური	p'uri	bread
ჟოლო	zholo	raspberry
რეცეპტი	retsep't'i	recipe
რეჰანი	rehani	basil
რომი	romi	rum
რძე	rdze	milk

რძიანი ყავა	rdziani qava	coffee with milk
რძის კოქტეილი	rdzis k'ok't'eili	milkshake
სადილი	sadili	lunch
სადილის კოვზი	sadilis k'ovzi	soup spoon
საზამთრო	sazamtro	watermelon
საკონდიტრო ნაწარმი	sak'ondit'ro nats'armi	confectionery
სალათი	salati	lettuce
სალათი	salati	salad
სამზარეულო	samzareulo	cuisine
სანელებელი	sanelebeli	condiment
სარდინი	sardini	sardine
სასმელი წყალი	sasmeli ts'qali	drinking water
სატაცური	sat'atsuri	asparagus
საუზმე	sauzme	breakfast
საუზმეული	sauzmeuli	appetizer
საქონლის ხორცი	sakonlis khortsi	beef
საღეჭი რეზინი	saghech'i rezini	chewing gum
საჭმელი	sach'meli	food
საჭმელი სოკო	sach'meli sok'o	edible mushroom
სიმინდი	simindi	corn
სიმინდი	simindi	corn
სიმინდის ბურბუშელა	simindis burbushela	cornflakes
სკუმბრია	sk'umbria	mackerel
სოია	soia	soy
სოკო	sok'o	mushroom
სოსისი	sosisi	vienna sausage
სოუსი	sousi	sauce
სპაგეტი	sp'aget'i	spaghetti
სტაფილო	st'apilo	carrot
სუნელი	suneli	spice
ტკბილი	t'k'bili	sweet
ტკბილღვეზელა	t'k'bilghvezela	cake
ტომატის წვენი	t'omat'is ts'veni	tomato juice
ტორტი	t'ort'i	cake
უალკოჰოლო	ualk'oholo	non-alcoholic
უალკოჰოლო სასმელი	ualk'oholo sasmeli	soft drink
უგაზო	ugazo	still
ულუფა	ulupa	portion
ფარგა	parga	pike perch
ფარში	parshi	hamburger
ფაფა	papa	porridge
ფეტვი	pet'vi	millet
ფინიკი	pinik'i	date
ფინჯანი	pinjani	cup
ფორთოხალი	portokhali	orange
ფორთოხლის წვენი	portokhlis ts'veni	orange juice
ფსტა	pst'a	pistachios
ფქვილი	pkvili	flour
ქათამი	katami	chicken
ქარიყლაპია	kariqlap'ia	pike
ქაშაყი	kashaqi	herring
ქერი	keri	barley

ქერქი	kerki	peel
ქინძი	kindzi	coriander
ქიშმიში	kishmishi	raisin
ქლიავი	kliavi	plum
ქორჭილა	korch'ila	perch
ქოქოსის კაკალი	kokosis k'ak'ali	coconut
ქუნჟუტი	kunzhut'i	sesame
ღვეზელი	ghvezeli	pie
ღვინის ბარათი	ghvinis barati	wine list
ღვინო	ghvino	wine
ღვიძლი	ghvidzli	liver
ღია ფერის ლუდი	ghia peris ludi	light beer
ღორის ხორცი	ghoris khortsi	pork
ყაბაყი	qabaqi	zucchini
ყავა	qava	coffee
ყვავილოვანი კომბოსტო	qvavilovani k'ombost'o	cauliflower
ყველი	qveli	cheese
ყინული	qinuli	ice
ყინულით	qinulit	with ice
ყურძენი	qurdzeni	grape
შავი მოცხარი	shavi motskhari	blackcurrant
შავი ყავა	shavi qava	black coffee
შავი ჩაი	shavi chai	black tea
შამპანური	shamp'anuri	champagne
შაქარი	shakari	sugar
შებოლილი	shebolili	smoked
შემწვარი	shemts'vari	fried
შესქელებული რძე	sheskelebuli rdze	condensed milk
შვრია	shvria	oats
შიგთავსი	shigtavsi	filling
შოკოლადი	shok'oladi	chocolate
შოკოლადისა	shok'oladisa	chocolate
შტოპორი	sht'op'ori	corkscrew
შტოში	sht'oshi	cranberry
შხამა	shkhama	death cap
შხამიანი სოკო	shkhamiani sok'o	poisonous mushroom
ჩაი	chai	tea
ჩაის კოვზი	chais k'ovzi	teaspoon
ჩანგალი	changali	fork
ცივი	tsivi	cold
ცილა	tsila	egg white
ცილები	tsilebi	proteins
ცხელი	tskheli	hot
ცხვრის ხორცი	tskhvris khortsi	lamb
ცხიმები	tskhimebi	fats
ძეხვი	dzekhvi	sausage
ძმარი	dzmari	vinegar
წვენი	ts'veni	juice
წვნიანი	ts'vniani	soup
წითელი მოცვი	ts'iteli motsvi	cowberry
წითელი მოცხარი	ts'iteli motskhari	redcurrant
წითელი ღვინო	ts'iteli ghvino	red wine

წიწაკა	ts'its'ak'a	bell pepper
წიწაკა	ts'its'ak'a	red pepper
წიწაკა	ts'its'ak'a	paprika
წიწიბურა	ts'its'ibura	buckwheat
წყალი	ts'qali	water
ჭარხალი	ch'arkhali	beet
ჭვავი	ch'vavi	rye
ჭიქა	ch'ika	glass
ხამანწკა	khamants'k'a	oyster
ხახვი	khakhvi	onion
ხბოს ხორცი	khbos khortsi	veal
ხიზილალა	khizilala	caviar
ხილი	khili	fruit
ხორბალი	khorbali	wheat
ხორცი	khortsi	meat
ხსნადი ყავა	khsnadi qava	instant coffee
ხურტკმელი	khurt'k'meli	gooseberry
ჯემი	jemi	jam
ჯინი	jini	gin
ჰამბურგერი	hamburgeri	hamburger

Printed in Great Britain
by Amazon

78722567R00118